Historias para Conversar

JOSÉ SILES ARTÉS

NIVEL MEDIO

SOCIEDAD GENERAL ESPAÑOLA DE LIBRERÍA, S. A.

Primera edición, 1987
Segunda edición, 1988
Tercera edición, 1989

Produce: SGEL-Educación
Marqués de Valdeiglesias, 5 - 28004 MADRID

Dibuja: M. Rueda
Maqueta: C. Campos
Cubierta: L. Carrascón

Depósito Legal: M. 1138-1989
I.S.B.N.: 84-7143-354-0
Printed in Spain - Impreso en España

Compone: Andueza
Imprime: Nueva Imprenta, S. A.
Encuaderna: Aranchamago

PRÓLOGO

Objetivo

Este libro es un instrumento para aprender la lengua española, siendo sus destinatarios los hablantes de otras lenguas. Su fin concreto es que el usuario perfeccione y amplíe un conocimiento previo de la lengua oral, aunque sin dejar de lado la escrita. Para lograr su objetivo, el libro se vale de historias cortas y sencillas, acompañadas de ejercicios apropiados. Puede usarse como complemento de cualquier método, o bien por sí mismo, dentro de un horario intensivo de clases variadas.

Contenido

Cada capítulo de la obra consta de una ilustración alusiva, de una historia, de cinco ejercicios y de una página de pasatiempos didácticos. Al libro acompaña también una grabación acústica.

Nivel

Este nivel medio de HISTORIAS PARA CONVERSAR da un paso adelante por relación al nivel básico, ya publicado. El vocabulario se amplía considerablemente y la trama sintáctica se hace más compleja, aunque sin recoger todavía la total urdimbre de la estructura del idioma. Por otra parte, se mantiene la línea de incorporar una lengua viva y corriente.

Ejercicios

HISTORIAS PARA CONVERSAR, nivel medio, contiene cinco ejercicios en cada una de sus unidades. Los ejercicios, a su vez, persiguen cada uno un fin diferenciado.

El **ejercicio 1** *sirve para comprobar la comprensión de la historia, lo que presupone una lectura, preparación, preguntas, aclaraciones del profesor, etc.*

El 2 *invita a reflexionar sobre palabras concretas del texto, a la vez que aporta más vocabulario.*

El 3 *está ideado para repetir, y en parte «reproducir», el caudal lingüístico contenido en la historia. Un signo, el medio rombo, ▶, sustituye a una o más letras de un número de palabras de la historia. La letra o letras que sí acompañan al medio rombo sirven al estudiante de guía para leer en alta voz.*

El 4 *es una práctica de conversación donde ya el alumno actúa libremente del texto de la historia, si bien el tema o temas propuestos se relaciona normalmente con el asunto de aquélla.*

El 5 *presenta una selección de estructuras sintácticas aparecidas en la historia. Este ejercicio tiene por objeto que el alumno construya por escrito frases según aquellos modelos.*

Además, cada capítulo contiene pasatiempos, ideados para servir, no sólo de entretenimiento, sino también de aprendizaje.

Finalmente, quede aquí constancia de nuestro agradecimiento, por haber colaborado en el ensayo de lecciones piloto de este libro, a los siguientes profesores pertenecientes a varios centros de Madrid: Loli Melero, Alfonso Urbina, Montse Brunet, Rosina Vega y Paloma Sánchez, de «International House»; Helena Mazo, de «Stanton School»; Peggy Muñoz (Directora Pedagógica), Ana Teresa Santos, M.ª Martín de la Concha, Rosa Escobar, Mar Pastor y Antonio Ubach, de la Fundación «Ponce de León»; y al equipo de profesores de español, de la Escuela Oficial de Idiomas. Gracias también a todos los alumnos de diversas nacionalidades que tan gentilmente participaron en aquellos ensayos.

SUMARIO

El signo ▶, que el alumno encontrará en el **ejercicio 3** de cada capítulo, debe ser sustituido por parte de una palabra perteneciente a cada relato. Las letras iniciales o finales que lo acompañan constituyen una ayuda.

LA TOMATINA

En el pueblo de Buñol, provincia de Valencia, tiene lugar todos los años, el 28 de agosto, una batalla muy especial, llamada la «Tomatina», porque en ella los proyectiles empleados son tomates.

Esta contienda es en realidad un festejo dentro de la semana de fiestas que cada año el pueblo de Buñol celebra en honor de su patrón, San Luis Bertrán.

El furor y la diversión son tan grandes que llegan a consumirse hasta 50.000 kilos de aquella hortaliza en la hora u hora y media que dura la refriega. Unas 6.000 personas, la mayoría con el torso desnudo, participan en ella.

En el curso de la batalla los bomberos intervienen de vez en cuando. Con sus mangueras echan formidables chorros de agua sobre los contendientes. Esto es para refrescarles la piel, que les escuece por efecto del zumo de tomate.

NOTAS

1. Responda a las preguntas siguientes

1. ¿Por qué se llama a este festejo la «Tomatina»?
2. ¿A qué fiestas anuales pertenece la «Tomatina»?
3. ¿Cómo participa en la contienda la mayoría de la gente?
4. ¿Para qué están allí los bomberos?

2. Busque en la historia las palabras de significado más afín

1. Empleo.
2. Realmente.
3. Divertido.
4. Manga.
5. Fresco.
6. Escozor.

3. Lea a su compañero

A) En el pueblo de Buñol, pr▶ de Valencia, tiene l▶ todos los años, el 28 de agosto, una b▶ muy especial, ll▶ la «Tomatina», porque en ella los pr▶ empleados son tomates. Esta contienda es e▶ r▶ un festejo d▶ de la semana de fiestas que c▶ año el pueblo de Buñol celebra en h▶ de su patrón, San Luis Bertrán.

B) El furor y la d▶ son tan grandes que ll▶ a consumirse h▶ 50.000 kilos de aquella h▶ en la hora u hora y media que d▶ la refriega. Unas 6.000 personas, la m▶ con el torso desnudo, p▶ en ella. En el c▶ de la batalla los b▶ intervienen de v▶ en c▶. Con sus mangueras e▶ formidables ch▶ de agua sobre los contendientes. Esto es p▶ refrescarles la p▶, que l▶ escuece por e▶ del zumo de tomate.

4. 1) Conoce o ¿ha participado alguna vez en una fiesta que consistía en una «batalla»? ¿Le gustaría tomar parte en la «Tomatina»? Hable de todo esto a su compañero.

2) Hable a su compañero de alguna fiesta o celebración típica de su ciudad o región.

5. Haga frases parecidas

1. En Buñol tiene lugar todos los años la «Tomatina».
   .... lugar ....
2. La semana de fiestas que cada año el pueblo celebra.
   .... que ....
3. La diversión es tan grande, que llegan a consumirse hasta 50.000 kilos de tomates.
   .... tan .... que
   ....
4. Esto es para refrescarles la piel, que les escuece.
   ...., que ....

❶ Complete la frase y obtendrá un famoso refrán español.

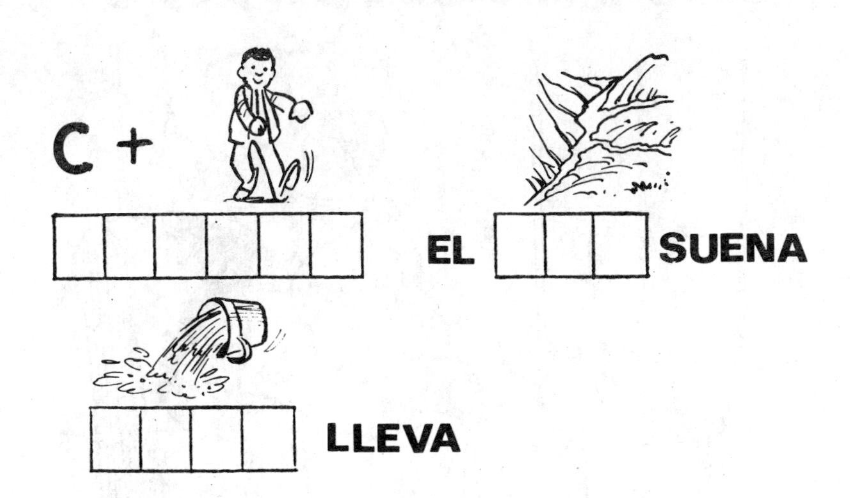

❷ Forme nuevas palabras introduciendo sucesivamente cada una de las tres letras dadas en la casilla marcada con un círculo

a) **T G O**

D	E	N	S	O

*

○				
			○	
	○			

b) **L A V**

C	U	E	R	O

*

	○			
		○		
			○	

c) **S B C**

G	U	S	T	O

*

○				
○				
			○	

UN MALENTENDIDO

El señor y la señora Vázquez eran amantes de la buena vida. Tenían sirvientes, hacían largos viajes de recreo y se alojaban en restaurantes de lujo. Pero gastaban más de lo que ingresaban y, en consecuencia, debían dinero a diversos establecimientos.

Una mañana que la señora Vázquez estaba a punto de salir para la peluquería, sonó el teléfono.

—¿Es usted la señora Vázquez? —preguntó una voz de hombre.

—No —mintió aquélla automáticamente—. Yo soy la señora Gázquez.

Éste era un viejo truco para defenderse de posibles acreedores.

—Habré marcado mal el número. ¡Qué pena, señora Gázquez!

—¿Por qué es una pena?

—Porque en un sorteo de la Caja de Ahorros Provincial, a la señora Vázquez le ha tocado un chalet de dos plantas totalmente amueblado y con mil metros cuadrados de parcela en la isla de Ibiza.

—¡Voy para allá ahora mismo!

—Pero usted dijo que se llamaba «Gázquez», no «Vázquez».

—Le dije que me llamaba «Vázquez», no «Gázquez». ¡Es usted el que se empeña en llamarme «Gázquez», señor!

NOTAS

1. Diga la verdad con palabras de la historia

1. No salían nunca de viaje.
2. Ahorraban mucho.
3. La señora Vázquez estaba durmiendo cuando sonó el teléfono.
4. Un chalet de una planta y dos mil metros cuadrados de parcela.

2. Busque los sinónimos de

1. De placer.
2. Varios.
3. ¡Qué lástima!
4. Pisos.
5. Inmediatamente.
6. Se obstina.

3. Lea con su compañero

A) —¿E▶ usted la señora Vázquez?
B) —No, yo s▶ la señora Gázquez.

A) —H▶ marcado m▶ el número. ¡Qué pena, señora Gázquez!
B) —¿Por qué es una p▶?

A) —P▶ en un sorteo de la Caja de Ahorros Provincial, a la señora Vázquez le h▶ t▶ un chalet de dos plantas totalmente a▶ y con mil metros cuadrados de p▶ en la isla de Ibiza.
B) —¡Voy p▶ a▶ ahora mismo!

A) —Pero usted d▶ qu▶ se llamaba «Gázquez», no «Vázquez».
B) —L▶ dije que me llamaba «Vázquez», no «Gázquez». ¡Es usted e▶ qu▶ se empeña en ll▶ «Gázquez▶, señor!

4. a) ¿Le ha tocado alguna vez un premio?
b) ¿Juega a la lotería, a las quinielas o algo similar?
c) ¿Qué cantidad mínima desearía ganar de premio?
d) ¿En qué le gustaría emplear ese dinero? Cuéntele todo eso a su compañero.

5. Complete correctamente cada frase

para, amante, habré, que

1. Ella es la .... no quiere pedirme perdón.
2. Salgo .... la estación dentro de una media hora.
3. Es un gran .... de la música.
4. Sabía más de lo .... decía.
5. Es una hierba .... adelgazar.
6. No .... entendido bien.

1. Coloque ordenadamente una sílaba por casilla y obtendrá una frase coloquial. Fíjese en la clave.

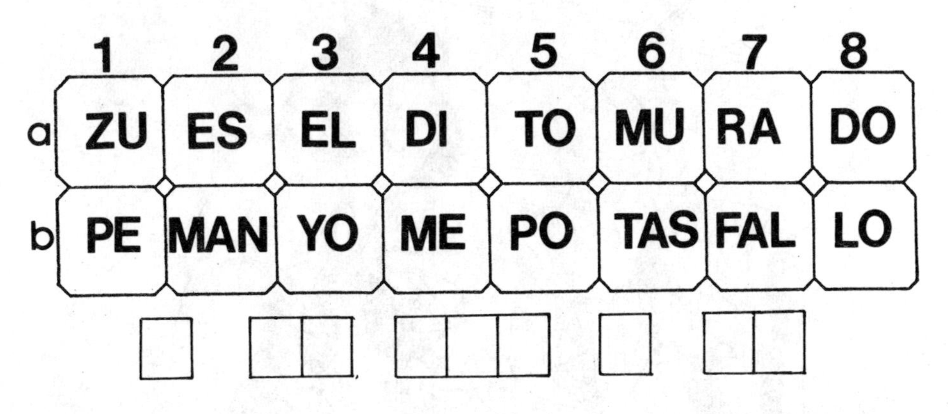

4b, 2a, 6b, 5a, 2b,
8a, 3a, 1b, 8b.

2. Forme nombres de la misma familia colocando la terminación adecuada.

- DERIA/-A/0OR/-O/-ADOR/-PERD/-ICION/-NCIA/-EDOR/-IDA/-DO/

a) PERDER
PERD _ _ _
PERD _ _ _ _
PERD _ _ _ _ _

b) GANAR
GAN _ _ _
GANA _ _ _
GANA _ _ _ _
GANA _ _ _ _
GANA _ _ _ _ _ _ _

c) COBRAR
COBR _
COBR _ _ _ _

d) PAGAR
PAG _
PAG _

DAVID RODÓN

David Rodón, famoso escritor de novelas policíacas, era un hombre de gustos refinados. Durante muchos años vivió en un castillo medieval, en el que gastó una fortuna para dotarlo de todas las comodidades de la vida moderna.

Aunque tenía media docena de criados, Rodón se hacía siempre la comida, pues le encantaba el arte culinario y sabía preparar platos exquisitos.

Rodón viajaba mucho, pero no en todos los sitios encontraba restaurantes de alta calidad para satisfacer su selecto paladar. Por eso llevaba siempre en su equipaje ciertos utensilios de cocina y algunos condimentos muy especiales.

Se cuenta que un día llamaron a Rodón de una agencia de viajes para confirmarle un vuelo a Noruega, adonde iba para documentarse sobre su próxima novela, ESPEJISMO EN EL HIELO. Pero el novelista se hizo cambiar el vuelo por otro donde daban un menú más de su gusto. Por eso es por lo que aquella novela, una de sus más conocidas, se desarrolla en Canadá.

NOTAS

1. Responda a las preguntas siguientes

1. ¿Qué le hizo David Rodón a su castillo medieval?
2. ¿Por qué se hacía él mismo la comida?
3. ¿Qué problema se le presentaba a Rodón en algunos sitios?
4. ¿A qué iba Rodón a Noruega?

2. Busque las palabras de significado más afín

1. Refinar.
2. Gasto.
3. Satisfacción.
4. Agente.
5. Confirmación.
6. Documento.

3. Lea a su compañero

A) David Rodón, f▶ escritor de n▶ policíacas, era un hombre de g▶ refinados. D▶ muchos años vivió en un c▶ medieval, en e▶ qu▶ gastó una fortuna p▶ dotarlo de todas las c▶ de la vida moderna. A▶ tenía media d▶ de criados, Rodón se h▶ siempre la comida, p▶ le e▶ el arte culinario y sabía preparar pl▶ exquisitos.

B) Rodón v▶ mucho, p▶ no en todos los s▶ encontraba restaurantes de alta c▶ para satisfacer su selecto p▶ . P▶ e▶ llevaba siempre en su e▶ ciertos u▶ de cocina y a▶ condimentos muy especiales. Se c▶ que un día llamaron a Rodón de una agencia de v▶ para c▶ un vuelo a Noruega, a▶ iba p▶ documentarse s▶ su próxima novela, E▶ EN EL H▶. Pero el novelista se h▶ cambiar el vuelo p▶ otro d▶ daban un menú m▶ de su gusto. Por eso es p▶ l▶ qu▶ aquella novela, una de sus más c▶, se d▶ en Canadá.

4. 1) Hable con un compañero de la gran importancia que para David Rodón tenía el buen comer. Dé su parecer.

2) Diga a su compañero qué le parece el género policíaco. Aluda a alguna novela o película en concreto.

5. Haga frases parecidas

1. Un castillo en el que gastó una fortuna.
   .... que ....
2. No encontraba restaurantes adecuados para satisfacer su selecto paladar.
   .... para
   ....
3. Pasó el verano en Noruega, donde tenía muchos amigos.
   .... , donde ....
4. Por eso es por lo que aquella novela se desarrolla en Canadá.
   Por eso es por lo que ....

1 Forme nuevas palabras introduciendo sucesivamente cada una de las tres letras dadas en la casilla marcada con un círculo

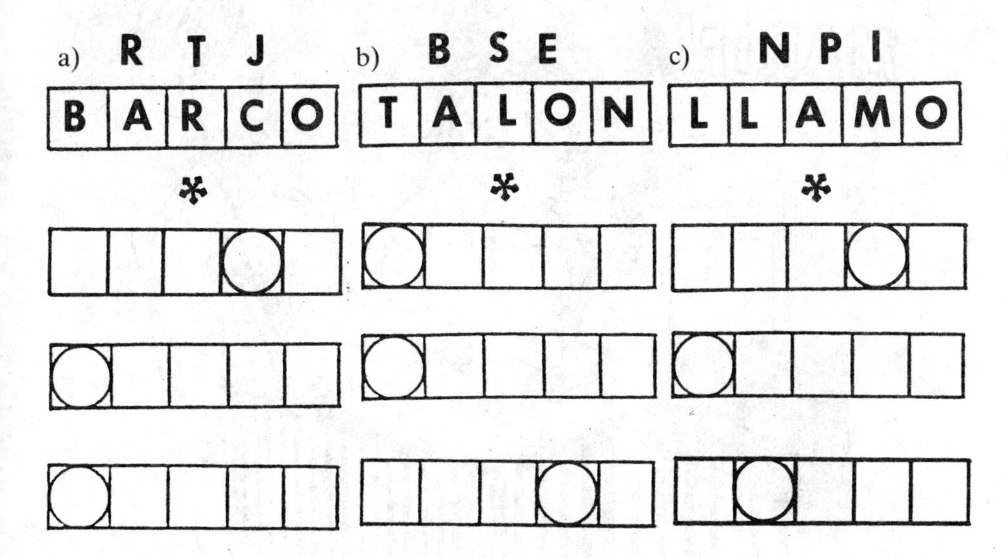

2 Coloque ordenadamente una sílaba por casilla y obtendrá una frase coloquial. Fíjese en la clave.

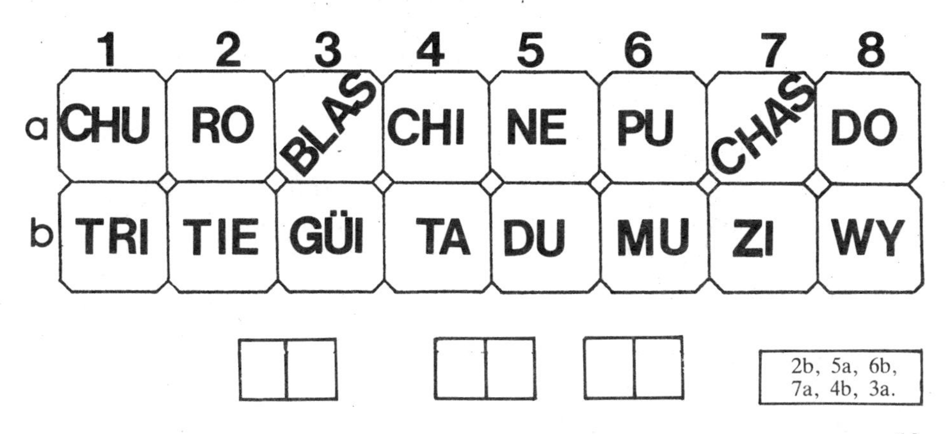

LAS HAMBRES DE MARINA

Marina Sancho, cajera de unos grandes almacenes, estaba muy preocupada porque no dejaba de engordar. Se puso a régimen para adelgazar, pero lo abandonó al poco tiempo. A ella le gustaban con locura las salsas y los guisos; le encantaban también los dulces, el pan y los embutidos, y todo esto se lo prohibía el régimen. Marina admiraba a Hortensia, compañera de trabajo, que tenía un tipo estilizado.

—¿Tú qué haces para estar delgada? —preguntó Marina un día a Hortensia.

—Nada de particular, como a mis horas.

—¿Y no te da hambre entre las comidas?

—No, estoy acostumbrada.

—Pues yo también quiero acostumbrarme, a partir de mañana voy a hacer como tú. No más pasteles ni helados entre las comidas.

Un mes después, Marina comentaba a Hortensia:

—¿Sabes que con tu sistema he engordado tres quilos?

—¿Lo has seguido al pie de la letra?

—Sí, rigurosamente, y pasaba un hambre horrible.

—Y a la hora de las comidas, ¿cuánto comías?

—¡Ah, el doble que antes!

NOTAS

1. Responda a las preguntas siguientes

1. ¿Qué alimentos gustaban a Marina?
2. ¿Cómo era Hortensia físicamente?
3. ¿Qué sistema seguía Hortensia para estar delgada?
4. ¿Qué le ocurrió a Marina con el sistema de Hortensia?

2. Busque los sinónimos de

1. Poco después.
2. Esbelto.
3. Nada especial.
4. Habituada.
5. Cumplido.
6. Estrictamente.

3. Lea con su compañero

A) Marina Sancho, c▶ de unos grandes almacenes, e▶ muy preocupada p▶ no dejaba d▶ engordar. Se p▶ a régimen para adelgazar, pero lo a▶ al poco tiempo. A ella le gustaban con l▶ las salsas y los gu▶; le encantaban también los dulces, el pan y los e▶

B) Y t▶ e▶ se lo prohibía el r▶. Marina admiraba a Hortensia, c▶ de trabajo, qu▶ t▶ un tipo estilizado.

B) —¿Tú qu▶ haces para e▶ delgada? —preguntó Marina un d▶ a Hortensia.

A) —Nada de p▶; como a m▶ horas.

B) —¿Y no te d▶ hambre entre las comidas?

A) —No, e▶ acostumbrada.

B) —Pues yo también quiero a▶; a partir de mañana v▶ a hacer c▶ tú. N▶ m▶ pasteles ni helados e▶ las comidas.

B) Un mes d▶ Marina c▶ a Hortensia:
—¿S▶ que con tu sistema he e▶ tres quilos?

A) —¿L▶ has seguido al p▶ de la letra?

B) —Sí, rigurosamente, y p▶ un hambre horrible.

A) —Y a la h▶ de las comidas, ¿c▶ comías?

B) —¡Ah, el d▶ que antes!

4. a) ¿Debe uno cuidar su peso?
b) ¿Hay de verdad alimentos que engordan mucho?
c) ¿Ha probado usted alguna vez un régimen eficaz para adelgazar?
d) ¿Merece la pena privarse de buenos alimentos por perder unos quilos?
e) ¿Por qué la delgadez es elegante y la gordura no lo es? Hable de todos estos extremos con su compañero.

5. Complete correctamente cada frase

que, de, en, para, a

1. Puso .... práctica sus ideas.
2. ¿No te pones .... trabajar?
3. No dejó .... llover en todo el día.
4. Gana la mitad .... su hermano.
5. Yo no sabía .... estaba embarazada.
6. Lo hicieron .... complacernos.

1 Forme nómbres de la misma familia colocando la terminación adecuada.

-QUETÓN/-ERÍA/-IMENTA/-UARIO/-ZONCILLOS/-LECO/-ILLA/-IDO/
-ZADO/-CETÍN/-QUÉ/-ERO

a) CHAQUETA

CHA _ _ _
CHA _ _ _ _
CHA _ _ _ _ _ _

b) CALZAR

CAL _ _ _ _
CAL _ _ _ _ _
CAL _ _ _ _ _ _ _ _ _

c) ZAPATO

ZAPAT _ _ _
ZAPAT _ _ _ _
ZAPAT _ _ _ _

d) VESTIR

VEST _ _ _
VEST _ _ _ _ _
VEST _ _ _ _ _ _

2 Complete la frase y obtendrá un famoso refrán español.

MIGO

A ☐☐☐☐☐☐☐ QUE ☐☐☐☐

P +

☐☐☐☐☐☐ DE ☐☐☐☐☐

EL PUENTE DE TODOS LOS SANTOS

Mi mujer nació y pasó su infancia en Cuenca. Su familia se vino a Madrid hace unos veinte años, pero ella se acuerda mucho de su ciudad, donde todavía tiene parientes y amigos. El pasado mes de noviembre, día de todos los Santos, cayó en jueves, por lo que hubo un «puente» de cuatro días de vacación. Nosotros nos fuimos a Cuenca.

En fiestas de este tipo largas caravanas de coches salen de Madrid. Nosotros tuvimos atascos y hasta una pequeña avería. Llegamos a Cuenca tres horas más tarde de lo previsto, y muy cansados. Luego nos enteraríamos que aquel «puente» había salido de Madrid casi un millón de personas.

Al día siguiente nos levantamos tarde, desayunamos en el hotel y salimos a la calle. Por todas partes se veía gente con aspecto de turistas, como nosotros. Fuimos a casa de familiares y amigos. Pero no pudimos ver a ninguno. En Cuenca mucha gente se había ido también de vacaciones, casi todos a Madrid...

NOTAS

1. Componga seis expresiones de la historia

1. Pasó su infancia	ver a ninguno
2. Día de	con aspecto de turistas
3. Tuvimos	en Cuenca
4. Había salido de Madrid	una pequeña avería
5. Se veía gente	todos los Santos
6. No pudimos	casi un millón de personas

2. Busque las palabras de significado más afín

1. Anual.
2. Caída.
3. Cansancio.
4. Millonario.
5. Seguir.
6. Amistad.

3. Lea a su compañero

A) Mi mujer n▶ y pasó su i▶ en Cuenca. Su familia s▶ v▶ a Madrid h▶ unos veinte años, p▶ ella se acuerda mucho de su c▶, donde tiene p▶ y amigos. El p▶ mes de noviembre, día d▶ todos los Santos, cayó en j▶, por l▶ que h▶ un «puente» de cuatro días de vacación. Nosotros n▶ f▶ a Cuenca. En fiestas de este t▶ largas caravanas de coches s▶ de Madrid.

B) Nosotros t▶ atascos y h▶ una pequeña avería. Ll▶ a Cuenca tres horas m▶ tarde de l▶ previsto, y muy cansados. L▶ nos enteraríamos que a▶ «puente» h▶ salido de Madrid c▶ un millón de personas. A▶ día siguiente n▶ levantamos tarde, d▶ en el hotel y s▶ a la calle. P▶ todas partes s▶ veía gente con a▶ de turistas, c▶ nosotros. F▶ a casa de familiares y amigos. P▶ no p▶ ver a ninguno. En Cuenca mucha g▶ se había i▶ también de vacaciones, casi t▶ a Madrid...

4. 1) Hable a su compañero de algún fin de semana o «puente» en que salió de su ciudad y le ocurrió algo fuera de lo corriente o inesperado.
2) Hable a su compañero de alguna ciudad que le gustaría visitar de vez en cuando.

5. Haga frases parecidas

1. La Semana Santa cayó en abril.
   .... cayó ....
2. Hizo 10 grados bajo cero, por lo que se helaron las tuberías.
   .... por lo que ....
   ....
3. Al día siguiente nos levantamos tarde.
   ....
4. Allí mucha gente se había ido también de vacaciones.
   ....

❶ Complete la frase y obtendrá un famoso refrán español.

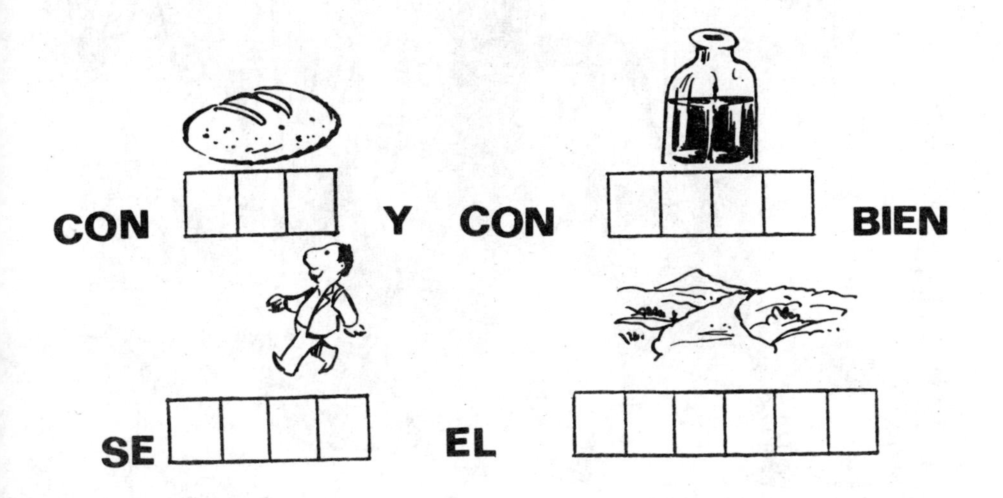

❷ Coloque ordenadamente una sílaba por casilla y obtendrá un dicho conocido. Fíjese en la clave.

	1	2	3	4	5	6	7	8
a	CON	RIN	ZIR	CE	PU	BO	GO	CU
b	LLA	JU	PAN	GO	TI	EX	Y	VO

1a, 5b, 7a, 3b, 7b, 4a, 6a, 1b.

Una rápida CARRERA

En el hotel «Mundial» la compañía «Perfumes Levantinos» celebraba aquella noche su cena anual. Había allí reunidas unas cien personas entre consejeros, altos directivos y sus esposas. Los hombres llevaban «smoking» y las señoras traje de noche.

Al terminar los postres se produjo un momento de silencio, y el presidente del consejo de administración se levantó y habló de los progresos que había hecho la empresa en los últimos años; dio las gracias a todos por su contribución a conseguir aquellos éxitos y luego brindó por la suerte y la prosperidad futuras de la casa. Finalmente, dirigiéndose a un joven que se sentaba a su derecha, el presidente dijo:

—Y a ti, director general de «Perfumes Levantinos», quiero expresar mi mayor admiración. Tú entraste en esta casa hace un año como simple oficinista; a los dos meses ascendiste a jefe de sección, a los seis eras director de sucursal, y hoy ocupas ya el puesto máximo. En tus dotes extraordinarias tiene la compañía depositada toda su confianza.

El joven entonces se volvió al presidente y dijo:

—Gracias, papá.

NOTAS

1. Diga lo mismo con palabras de la historia

1. Se encontraban allí...
2. Agradeció a todos...
3. Comenzaste a trabajar en esta compañía.
4. Actualmente eres el más alto directivo.

2. Busque las palabras de significado más afín

1. Reunión.
2. Callar.
3. Triunfos.
4. Brindis.
5. Ascensor.
6. Sobresalientes.

3. Lea a su compañero

A) En el hotel «Mundial» la compañía «P▶ Levantinos» celebraba aquella noche su c▶ anual. Había allí r▶ unas cien personas e▶ consejeros, altos directivos y sus e▶. Los hombres ll▶ «smoking» y las señoras tr▶ de noche. A▶ terminar los p▶ se pr▶ un momento de silencio, y el presidente del c▶ de administración se l▶ y habló de los progresos que había h▶ la empresa en los ú▶ años, dio las gracias a todos por su c▶ a conseguir aquellos éxitos y l▶ brindó por la s▶ y la prosperidad futuras de la casa.

B) F▶, dirigiéndose a un joven qu▶ se s▶ a su derecha, el presidente dijo: «Y a t▶, director g▶ de «Perfumes Levantinos», qu▶ expresar mi mayor a▶. Tú entraste en esta casa h▶ un año c▶ simple oficinista; a los dos meses a▶ a jefe de sección, a l▶ seis eras director de s▶, y hoy o▶ ya el puesto máximo. En tus dotes e▶, tiene la compañía depositada toda su c▶. El j▶ entonces se v▶ al presidente y dijo: «Gracias, papá».

4. 1) Hable a su compañero de alguien de su ciudad o país que ascendió muy rápidamente por apoyos de familia.

2) Hable a su compañero de alguien de su ciudad o país que salió de la nada y llegó a ser una figura destacada por méritos propios.

5. Complete correctamente cada frase

que, al, había, por, habíamos, se, darles, a su izquierda

1. Allí .... muchos árboles podados.
2. .... llegar a la plaza giraron a la derecha.
3. Pensaron .... nos .... perdido.
4. Brindo .... la felicidad de todos.
5. Estuvo aquí esta manaña, pero .... rato se marchó.
6. Tocó un timbre que había ....
7. Quiero .... las gracias a todos ustedes.
8. .... produjo un gran silencio.

1 Forme nuevas palabras introduciendo sucesivamente cada una de las tres letras dadas en la casilla marcada con un círculo

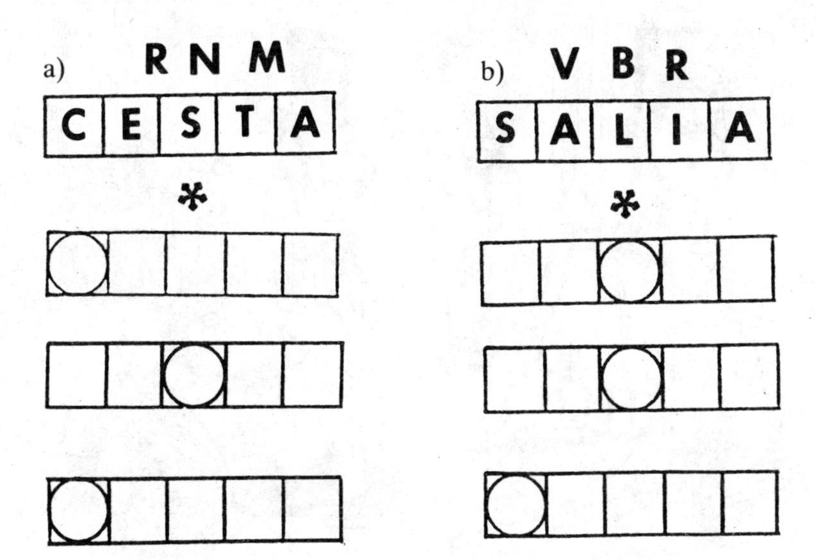

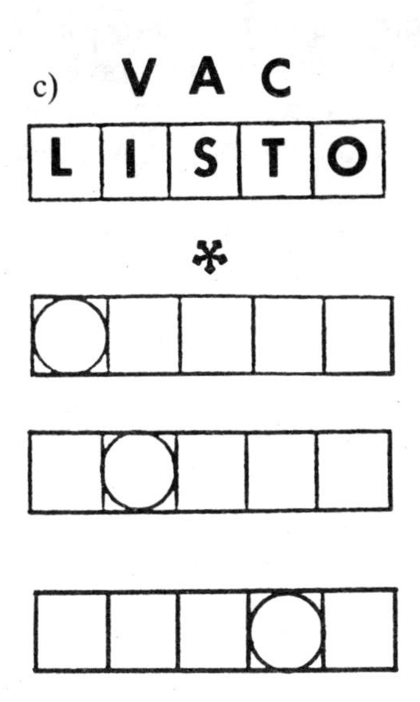

EN UNA ANTIGUA POSADA

Un día dos amigos pidieron alojamiento en una posada de un pueblo apartado. Poco antes unos vecinos les habían dicho: «es una buena posada, allí no les faltará de nada». Pero esto ocurría a mediados del siglo XIX, una época en que las posadas de estos pueblos eran famosas por su falta de comodidades.

Los dos amigos fueron atendidos por la posadera y por un mozo que se hizo cargo de sus caballerías.

—Aquí dormirán ustedes muy bien —aseguró la posadera mientras mostraba a los huéspedes su habitación—. Los colchones son de lana de la mejor.

Todo era sencillo, pero parecía limpio y en buen uso.

Los dos amigos examinaban todos los muebles y enseres con atenta mirada. Por fin uno de ellos observó:

—Señora, yo aquí no veo un vaso por ninguna parte.

—¿Un vaso? —se extrañó la mujer.

—Sí, claro, yo necesito un vaso.

—Y yo también —intervino el otro amigo.

—No hay inconveniente, señores.

Y tras decir esto, la posadera se asomó al patio y gritó:

—¡Jenaro, *el* vaso!

NOTAS

1. Responda a las preguntas siguientes

1. ¿Quién informó a los dos viajeros que aquella posada estaba bien?
2. ¿Por qué eran célebres las posadas de pueblos como aquél?
3. ¿De qué se ocupó el mozo de la posada al llegar los viajeros?
4. ¿Cómo era la habitación que la señora mostró a los viajeros?

2. Busque los sinónimos de

1. Albergue.
2. Fonda.
3. Aislado.
4. Sucedía.
5. Se sorprendió.
6. Problema.

3. Lea con su compañero

A) Un día dos amigos p▶ alojamiento en una posada de un pueblo a▶. Poco a▶ unos vecinos les habían d▶: «es una buena posada, allí no les f▶ de nada».

B) Pero esto ocurría a m▶ del siglo XIX, una é▶ en qu▶ las posadas de estos pueblos eran famosas por su f▶ de comodidades. Los dos amigos f▶ atendidos por la posadera y por un mozo que se hizo c▶ de sus caballerías.

A) —Aquí d▶ ustedes muy bien. Los c▶ son de lana de la mejor.
B) —Señora, yo aquí no veo un vaso por n▶ p▶.

A) —¿Un vaso?
B) —Sí, cl▶, yo necesito un vaso.

A) —Y yo t▶.
B) —No hay i▶, señores. ¡Jenaro, *el* v▶!

4. 1) «A» es el empleado de un hotel que enseña una habitación a un viajero, «B». «A» encomia los muebles, cama, etc., pero «B» encuentra que falta algo que necesita. «A» promete que en seguida se lo traen.
2) «B» es el propietario de un piso que enseña a un posible inquilino, «A». «B» ensalza las cualidades de su piso y «A» hace varias preguntas sobre aspectos que le interesan, si es un piso frío, si funciona bien el calentador de gas, etc.

5. Haga frases parecidas

1. Poco antes habían hablado con unos vecinos del pueblo.
   Poco antes habían ....
2. Allí no les faltará de nada.
   .... faltará ....
3. Una época en que las posadas eran muy incómodas.
   .... en que ....
4. Tras decir esto, la posadera se asomó al patio.
   Tras ...., ...

1 Coloque ordenadamente una sílaba por casilla y obtendrá una frase coloquial. Fíjese en la clave.

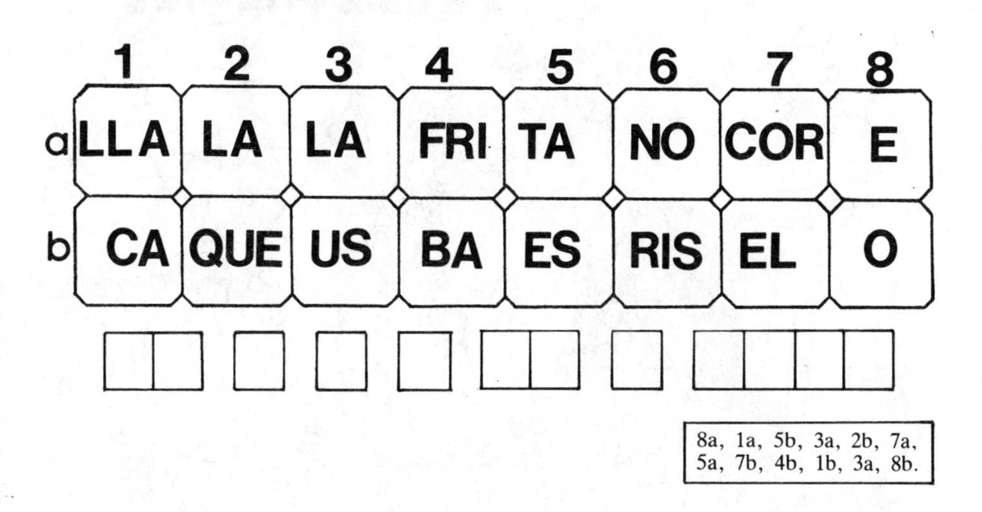

2 Forme nombres de la misma familia colocando la terminación adecuada.

-ADERO/-INERO/-ABO/-ONA/-ABLE/-ANDERÍA/-INAR/-INA/
-IDO/-ADO

a) COCER

COC _ _ _
COC _ _ _
COC _ _ _ _
COC _ _ _ _ _

b) LAVAR

LAV _ _ _
LAV _ _ _ _
LAV _ _ _ _ _
LAV _ _ _ _ _ _ _

c) FREGAR

FREG _ _ _
FREG _ _ _
FREG _ _ _ _ _

UNA LARGA LLAMADA TELEFÓNICA

Miguel y Fernando eran dos buenos amigos. Miguel era actor de teatro y Fernando trabajaba de extra en el cine. Ambos pasaban a veces épocas de paro y, por consiguiente, apuros económicos.

Los dos amigos se encontraron un día a la puerta de un restaurante. Era ya avanzada la hora de la comida, y los dos tenían mucha hambre. Después de saludarse muy afectuosamente, Fernando propuso:

—¿Entramos en este restaurante?

—Muy bien —aceptó Miguel—. Sale un olor muy suculento.

Los dos actores comieron espléndidamente. Al terminar el postre, Fernando dijo:

—Perdona, que voy un momento a telefonear.

Pero Fernando no regresó a la mesa. Un mes después, los dos amigos se volvieron a encontrar.

—¿Qué? —preguntó Miguel a Fernando—. ¿Ya terminaste de telefonear?

—Oye, perdona, es que no llevaba ni una peseta en el bolsillo.

—Igual me pasaba a mí.

—¿Y qué ocurrió?

—Puede escapar sin pagar.

—¡Magnífico, ya sabía yo que tu experiencia no fallaría!

NOTAS

1. Responda a las preguntas siguientes

1. ¿Cuál era la profesión de Fernando?
2. ¿En qué momento dijo Fernando que iba a telefonear?
3. ¿Cuándo se volvieron a encontrar los dos amigos?
4. ¿Por qué se escapó Miguel del restaurante?

2. Busque los sinónimos de

1. Por lo tanto.
2. Sugirió.
3. De acuerdo.
4. Volvió.
5. Pasó.
6. Huir.

3. Lea con su compañero

A) —¿E▶ en este restaurante?
B) —Muy bien. Sale un o▶ muy suculento.
...

A) —P▶, que voy un momento a t▶.
...

B) —¿Qué? ¿Ya t▶ de telefonear?

A) —O▶, perdona, e▶ que no llevaba n▶ una peseta en el bolsillo.
B) —I▶ me pasaba a m▶.

A) —¿Y qu▶ ocurrió?
B) —Pude escapar s▶ p▶.

A —¡M▶, ya sabía yo qu▶ tu experiencia no f▶!

4. 1) Cuente a su compañero alguna ocasión en que, por cualquier razón, se fue sin pagar una compra o un servicio.

2) Haga un diálogo con su compañero en el que uno es un cliente de un restaurante y el otro es el camarero. Después de comer, el cliente dice al camarero que no puede pagarle porque se ha dejado la cartera en casa.

5. Complete correctamente cada frase

que, de, sin, al

1. Trabajé .... cartero en Navidad.
2. Después .... cenar nos fuimos al cine.
3. Oye, ... no tengo ganas de salir hoy.
4. .... entrar nosotros se levantaron ellos.
5. ¿Es .... te sientes mal?
6. Se fueron .... decir adiós.

1 Forme nombres de la misma familia colocando la terminación adecuada.

-ILLA/-EDOR/-ICERÍA/-ADA/-ILÓN/-ICERO/-ÍVORO/-ESTIBLE/-ENSAL/
-ÓN/-IDA

a) CUCHARA

CUCHAR _ _
CUCHAR _ _ _
CUCHAR _ _ _ _

b) COMER

COM _ _ _
COM _ _ _ _
COM _ _ _ _
COM _ _ _ _ _
COM _ _ _ _ _ _ _

c) CARNE

CARN _ _ _ _ _
CARN _ _ _ _ _
CARN _ _ _ _ _ _

2 Complete la frase y obtendrá un famoso refrán español.

DONDE [ ][ ][ ][ ][ ] **SE** [ ][ ][ ][ ][ ][ ]

[ ][ ][ ][ ][ ] **LA** [ ][ ][ ][ ][ ][ ]

ENCONTRONAZO

Cuando dos españoles llegan juntos ante una puerta se produce normalmente un problema. ¿Quién ha de pasar primero?

Hay un caso que no ofrece ninguna duda: las mujeres pasan siempre delante de los hombres. Segundo, entre personas de la misma categoría social, tienen preferencia las de mayor edad. Un médico de mediana edad tiene preferencia de paso sobre un médico joven, pongamos por caso; si bien en la práctica la situación se complica cuando ese médico maduro cede graciosamente su derecho.

—Pase usted.

—Usted, por favor.

—Usted primero.

—¡De ninguna manera!

—¡Por favor!

—¡Que no!

—¡Vamos, amigo!

La amable disputa, que puede prolongarse mucho más, termina con la rendición de uno de los dos contendientes. Otras veces, sin embargo, se rinden ambos al mismo tiempo, lo que origina un «encontronazo» bastante cómico y que puede ser doloroso...

NOTAS

1. Responda a las preguntas siguientes

1. ¿Dónde ocurre el problema de que habla la historia?
2. Entre un hombre y una mujer, ¿quién tiene siempre prioridad de paso?
3. ¿Quién tiene prioridad cuando las dos personas son de la misma categoría social?
4. ¿Qué pasa cuando las dos personas se deciden a pasar al mismo tiempo?

2. Busque en la historia los antónimos de

1. Separados.
2. Raramente.
3. Certeza.
4. Menor.
5. Facilita.
6. Prolongarse.

3. Lea con su compañero

A) Cuando dos e▶ llegan juntos a▶ una puerta se pr▶ normalmente un problema. ¿Quién h▶ de p▶ primero?
B) Hay un c▶ que no ofrece n▶ d▶: las mujeres pasan s▶ d▶ de los hombres. Segundo, e▶ personas de la m▶ categoría social, tienen pr▶ las de m▶ edad. Un médico de m▶ edad tiene pr▶ de paso s▶ un médico joven, pongamos p▶ caso; s▶ b▶ en la práctica la situación se c▶ cuando ese médico m▶ cede graciosamente su d▶.
A) —P▶ usted.
B) —Usted, p▶ f▶.
A) —U▶ pr▶.
B) —¡De n▶ m▶!
A) —¡P▶ f▶!
B) —¡Qu▶ n▶!
A) —¡V▶, a▶!
A) La amable d▶, que puede pr▶ mucho más, termina c▶ la r▶ de uno de los dos c▶. Otras veces, s▶ e▶, se rinden a▶ al mismo tiempo, lo que o▶ un «encontronazo» b▶ cómico y que puede ser d▶...

4. 1) Hable con su compañero sobre normas de cortesía en su país a la hora de ceder el paso ante una puerta, ceder el asiento en un autobús, cuándo se dice o no se dice «gracias», qué normas o costumbres se observan especialmente en la mesa, etc.

2) ¿Son los jóvenes de hoy poco corteses con los mayores? Hable de esto con su compañero.

5. Haga frases parecidas

1. Cuando dos españoles llegan juntos ante una puerta, se produce un problema.
Cuando ....
....
2. ¿Quién ha de ....?
3. Hay un caso que no ofrece ninguna duda.
Hay .... que ....

4. Entre personas de la misma categoría social tienen preferencia las de mayor edad.
   Entre ....
   ....

5. Se produce un encontronazo que puede ser doloroso.
   Se .... que ....
   ....

1 Forme nuevas palabras introduciendo sucesivamente cada una de las tres letras dadas en la casilla marcada con un círculo.

a) **S C R**

M	A	N	D	O

*

			○	
			○	
		○		

b) **L C O**

V	A	P	O	R

*

		○		
○				
	○			

c) **N M I**

C	A	R	T	A

*

		○		
○				
			○	

PANCHO telefonea a CUCHI

—¡Diga!
—¿Cuchi?
—Sí. ¿Quién es?
—¿No te acuerdas? Soy Pancho.
—No caigo.
—Nos conocimos en la discoteca «Sandokan» el domingo pasado.
—¡Ah! Tú eres un chico alto con peluca azul y pendientes, ¿no?
—No, yo soy pequeño y llevo la cabeza totalmente afeitada.
—¡Ah, sí, ya me acuerdo!
—Mira, guapa, tengo dos entradas para un festival de «pop» mañana por la noche. ¿Vienes conmigo?
—No, no puedo; mañana salgo con Peri.
—Bueno, ¿vamos al cine pasado mañana?
—Pasado mañana voy al cine con Sebas.
—¿Qué días tienes libres?
—Pues verás: el martes salgo con Juan Esteban, el miércoles estoy invitada a una boda, el jueves me lleva Charles a un recital de guitarra, el viernes voy a patinar con Sevi y el sábado, el sábado..., no estoy segura, no me acuerdo bien.
—¿Te gustaría venir a mi fiesta de cumpleaños el sábado?
—¡Ah, no, ahora me acuerdo! ¡El sábado lo tengo reservado para mi novio!

NOTAS

1. Responda a las preguntas siguientes

1. ¿Cómo es Pancho?
2. ¿Qué hace Cuchi pasado mañana?
3. ¿A dónde va Cuchi el miércoles?
4. ¿Cuándo es el cumpleaños de Pancho?

2. Componga seis expresiones de la historia

1. El domingo	de cumpleaños
2. Totalmente	pasado
3. Pasado	afeitada
4. Invitada	mañana
5. No estoy	a una boda
6. Fiesta	segura

3. Lea con su compañero

A) —¡D▶!
B) —¿Cuchi?
A) —Sí. ¿Qu▶ es?
B) —¿No te a▶? Soy Pancho.
A) —No c▶ .
B) —N▶ conocimos en la discoteca «Sandokan» el d▶ p▶.
A) —¡Ah! Tú eres un chico a▶ con peluca a▶ y pendientes, ¿no?
B) —No, yo soy pequeño y ll▶ la cabeza totalmente a▶.
A) —¡Ah, sí, y▶ m▶ acuerdo!
B) —¿Vienes c▶ a un festival de «pop» mañana p▶ la noche.
A) —No, no puedo; mañana s▶ con Peri.
B) —Bueno, ¿v▶ al cine pasado mañana?
A) —Pasado mañana v▶ a▶ cine con Sebas.
B) —¿Te g▶ venir a mi fiesta de cumpleaños el s▶?
A) —¡Ah, no, ahora m▶ a▶! ¡El sábado l▶ tengo r▶ para mi novio!

4. 1) Cuchi sostiene un diálogo telefónico con Salva su novio. Salva quiere anular la cita que tienen para el sábado y propone otro día. Cuchi no puede salir ese día con su novio, ni tampoco otros que aquél le propone. En cada caso Cuchi explica las razones de su negativa.
2) Cuente con algún detalle lo que piensa hacer el próximo fin de semana.

5. Haga frases parecidas

1. Llevo la cabeza totalmente afeitada.
   Llevo ....
2. El miércoles estoy invitada a una boda.
   El lunes ....
3. ¿Te gustaría venir a mi fiesta de cumpleaños el sábado?
   ¿ .... gustaría ....?
4. El sábado lo tengo reservado para mi novio.
   .... la tengo reservada ....

❶ Complete la frase y obtendrá un famoso refrán español.

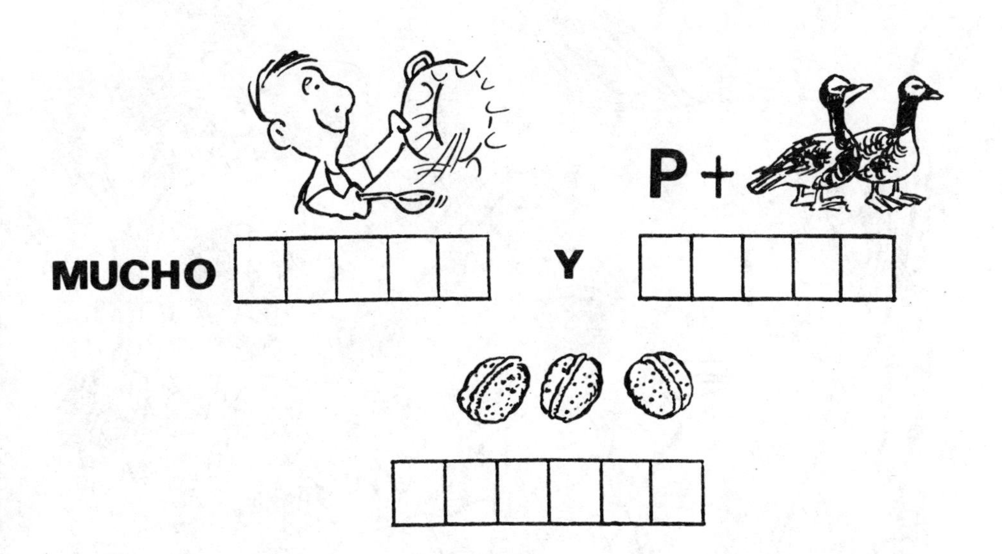

❷ Forme nombres de la misma familia colocando la terminación adecuada.

-CHOQUES/-SERVICIO/-CAR/-DA/- NOMO/-VÍA/-NOMÍA/-PETO/
-GUAS/-PISTA/-BRISAS/-CAÍDAS

a) AUTOBÚS	b) PARAR
AUTO _ _ _	PARA _ _
AUTO _ _ _	PARA _ _ _ _
AUTO _ _ _ _	PARA _ _ _ _
AUTO _ _ _ _ _	PARA _ _ _ _ _ _
AUTO _ _ _ _ _	PARA _ _ _ _ _ _
AUTO _ _ _ _ _ _ _ _	PARA _ _ _ _ _ _ _

EL POETA DE LAS AVES

El poeta Julio Palacios había ganado varios premios literarios con poemas dedicados a aves silvestres. Algunos de sus más conocidos eran «Al águila», «Al buitre», «A la paloma» y «Al halcón».

Julio Palacios, que vivía en Madrid, había sido invitado varias veces por un admirador suyo a pasar unos días en la Sierra de Gredos. Este señor poseía allí una casa de campo, situada en un bello paraje, junto a un gracioso pueblecito.

Por fin Palacios, necesitado de un buen descanso, se fue a pasar unos días con su amigo.

Era a comienzos de mayo y hacía un tiempo maravilloso. El sol lucía intensamente y se veían variadas especies de plantas y flores por todas partes. Julio Palacios, el poeta de las aves, daba grandes paseos por aquellos campos con su amigo, quien le mostraba y explicaba las cosas interesantes.

Un día, en el curso de uno de aquellos paseos, el poeta vio una gran ave blanca y negra que les sobrevolaba majestuosamente. «¡Mira! —gritó a su amigo todo excitado—. ¡Un águila!». «No —le corrigió éste cortésmente—. Es una cigüeña».

NOTAS

1. Componga siete expresiones de la historia

1. Poemas dedicados	un tiempo maravilloso
2. Un admirador	majestuosamente
3. Una casa	grandes paseos
4. Unos días de	suyo
5. Hacía	reposo
6. Daba	a aves silvestres
7. Les sobrevolaba	de campo

2. Busque los sinónimos de

1. Algunos.
2. Tenía.
3. Hermoso.
4. Principios.
5. Amablemente.

3. Lea a su compañero

A) El poeta Julio Palacios h▶ g▶ varios premios literarios con poemas d▶ a aves silvestres. A▶ de sus más conocidos eran «Al águila», «Al b▶», «A la paloma» y «Al h▶». Julio Palacios, qu▶ vivía en Madrid, h▶ sido invitado v▶ veces por un a▶ suyo a pasar u▶ días en la Sierra de Gredos. Este señor p▶ allí una casa de campo, s▶ en un bello p▶, junto a un gr▶ pueblecito. P▶ f▶ Palacios, necesitado de un buen d▶, se f▶ a pasar unos días con su amigo.

B) E▶ a comienzos de mayo y h▶ un tiempo maravilloso. El sol lucía i▶ y se veían variadas e▶ de plantas y flores p▶ todas partes. Julio Palacios, el poeta de las a▶, daba grandes paseos por aquellos c▶ con su amigo, quien le m▶ y explicaba las c▶ interesantes. Un día, en el curso de uno de aquellos p▶, el poeta v▶ una gran ave blanca y negra que l▶ sobrevolaba m▶. «¡Mira! —gr▶ a su amigo todo e▶—. ¡Un á▶!». «No —le c▶ éste c▶—. Es una c▶».

4. 1) Hable a su compañero de algún ave que conozca. Puede hacer una descripción de la misma y referirse a su alimentación, dónde anida, hábitos, etc.

2) Si le gusta la poesía, explique a su compañero qué tipo de poesía y qué autor prefiere. Si no le gusta, explíquele por qué.

5. Haga frases parecidas

1. Julio Palacios había ganado varios premios literarios.
   .... había ....
2. El escritor había sido invitado por un amigo.
   .... sido .... por ....
   ....
3. Julio, necesitado de un buen descanso, se fue a la sierra.
   .... , ... , ...
4. Era a comienzos de mayo y hacía un tiempo maravilloso.
   Era .... y hacía ....

❶ Coloque ordenadamente una sílaba por casilla y obtendrá una frase coloquial. Fíjese en la clave.

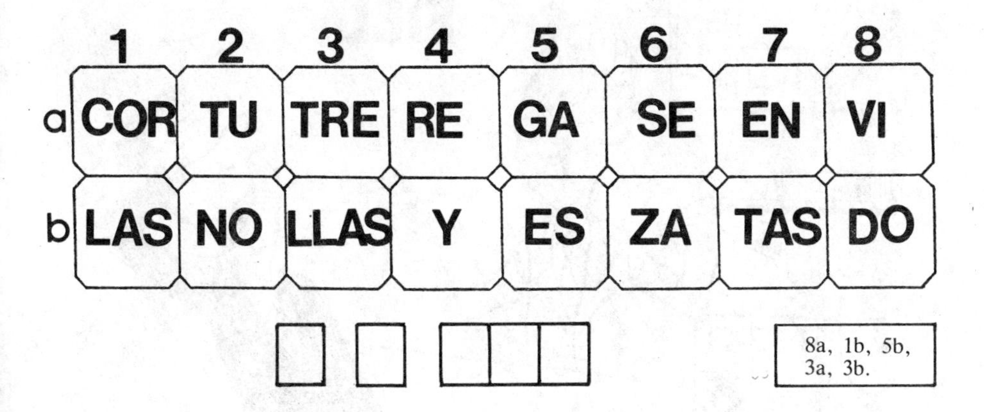

❷ Complete la frase y obtendrá un famoso refrán español.

UN PUEBLO FIEL

Salvador Fernández, viajante de comercio, era un hombre de buena presencia y con grandes dotes de persuasión. En cierta ocasión Salvador aceptó representar una nueva crema de afeitar «insuperable», que venía acompañada de una fuerte campaña publicitaria. Se puso a recorrer el país y desde el primer momento tuvo un gran éxito: las ventas alcanzaban cifras extraordinariamente altas. Pero al llegar a la provincia de Huesca, que el viajante no visitaba desde hacía bastantes años, empezó a obtener unos resultados más bien flojos. Le costaba mucho trabajo vender por allí aquella crema. En un pueblo no logró vender ni un solo tubo, por lo que, extrañado, preguntó al propietario de una tienda:

—Por favor, ¿usted puede explicarme por qué no hay aquí mercado para esta crema de afeitar «insuperable»?

—Porque usted mismo nos vendió otra crema de afeitar «insuperable» hace catorce años. ¿No se acuerda? Seguimos comprando aquella crema porque entendemos que «insuperable» no puede haber más que una.

NOTAS

1. Diga lo mismo con palabras de la historia

Salvador Fernández sabía convencer a la gente.
Salvador Fernández era un hombre con grandes dotes de persuasión.

1. Una crema de afeitar que había sido muy anunciada.
2. La crema se vendía extraordinariamente bien.
3. En un pueblo no vendió nada.
4. ¿Por qué no se vende aquí esa crema?

2. Busque las palabras de significado más afín

1. Presente.
2. Persuasivo.
3. Representante.
4. Acompañante.
5. Visitante.
6. Propiedad.

3. Lea a su compañero

A) Salvador Fernández, viajante de c▶, era un hombre de buena pr▶ y con grandes d▶ de persuasión. En cierta o▶ Salvador a▶ representar una nueva crema de a▶ «insuperable», que v▶ acompañada de una fuerte c▶ publicitaria. Se p▶ a recorrer el país y desde el primer momento t▶ un gran é▶: las ventas alcanzaban c▶ extraordinariamente altas.

B) Pero a▶ llegar a la pr▶ de Huesca, qu▶ el viajante no visitaba desde h▶ bastantes años, empezó a o▶ unos resultados más bien fl▶. Le c▶ mucho trabajo vender p▶ allí aquella crema. En un pueblo no l▶ vender ni un solo t▶, por lo que, e▶, preguntó al pr▶ de una tienda:

A) —Por favor, ¿usted puede e▶ por qué no h▶ aquí mercado para esta cr▶ de afeitar «insuperable»?

B) —Porque usted m▶ nos vendió otra crema de afeitar «i▶» h▶ catorce años. ¿No s▶ acuerda? S▶ comprando aquella crema porque e▶ que «insuperable» no puede h▶ más que una.

4. 1) Trate de vender a su compañero un producto. «A» es un viajante y «B» es un tendero. El viajante hace un elogio de la calidad, modernidad, belleza, utilidad, precio, etc., del producto.

2) A continuación hágase otro diálogo en que los papeles se invierten y el producto es otro.

5. Haga frases parecidas

1. Una crema de afeitar que tuvo un gran éxito.
   .... que ....
2. Al llegar a la provincia de Huesca, que no visitaba desde hacía bastantes años...
   Al .... que ....
   ....

3. No vendió ni un solo tubo, por lo que, extrañado, preguntó a un tendero...

   ...., por lo que, ...

   ...., ...

4. Crema insuperable no puede haber más que una.

   .... no puede ....

❶ Forme nuevas palabras introduciendo sucesivamente cada una de las tres letras dadas en la casilla marcada con un círculo

a) **N S C**

T	A	C	T	O

*

		○		

○				

○				

b) **E O F**

C	A	R	R	O

*

	○			

	○			

○				

c) **S Ñ C**

C	U	E	R	O

*

○				

			○	

			○	

Un novio DESENGAÑADO

Querida Lourdes:

Para hablar con toda sinceridad, hasta hoy mismo he conservado la esperanza de rehacer nuestras relaciones, pero ahora, después de leer tu última carta, estoy contento de romper para siempre. ¡Qué mala memoria tienes! Sólo te acuerdas de lo que te quieres acordar. De todo el cariño y las atenciones que he tenido contigo no dices nada. Muestras un egoísmo y una ingratitud tan grande que me dejas helado.

Me dices que tu nuevo novio —¡pobre de él!— es guapo, elegante y de buena posición. Oye, ¿es que a mí me falta cualquiera de esas cualidades? En fin, no voy a perder más tiempo con quien me ha correspondido con tanta ingratitud. Sólo deseo ya olvidarte.

Me pides «todos los regalos» que me has hecho y todas las cartas que me has escrito. Bien, éstas te las mando en un paquete aparte, pero los regalos no te los devolveré si tú no me devuelves los que yo te hice... Y, a propósito, me debes diez mil pesetas que también me podrías devolver...

Tu desengañado ex novio,

Casimiro.

NOTAS

1. Responda a las preguntas siguientes

1. ¿Qué ha hecho a Casimiro romper con Lourdes?
2. ¿Por qué dice Casimiro que Lourdes tiene mala memoria?
3. ¿Cómo dice Lourdes que es su nuevo novio?
4. ¿Qué le envía Casimiro a Lourdes?

2. Busque las palabras de significado más afín

1. Sincero.
2. Cariñoso.
3. Atento.
4. Egoísta.
5. Ingrato.
6. Cartero.
7. Deuda.

3. Lea a su compañero

A) P▶ hablar con toda sinceridad, h▶ hoy mismo he c▶ la esperanza de r▶ nuestras relaciones, pero ahora, d▶ d▶ leer tu última carta, estoy c▶ de romper para siempre. ¡Q▶ mala m▶ tienes! Sólo te a▶ de lo que te quieres a▶. De todo el cariño y las a▶ que he t▶ contigo no dices nada. M▶ un egoísmo y una ingratitud t▶ grandes que me dejas h▶.

B) M▶ dices qu▶ tu nuevo novio —¡pobre de é▶!— es guapo, elegante y de buena p▶. Oye, ¿e▶ que a m▶ me falta c▶ de esas cualidades? E▶ f▶, no voy a p▶ más tiempo con qu▶ me ha correspondido con t▶ ingratitud. S▶ deseo ya o▶. Me p▶ todos los regalos qu▶ me has hecho y todas las cartas qu▶ me has e▶. Bien, éstas te l▶ mando en un paquete a▶, pero los regalos no te los d▶ si tú no me devuelves l▶ qu▶ yo te hice... Y, a pr▶, me debes diez mil pesetas que también me p▶ devolver... Tu d▶ ex novio, Casimiro.

4. 1) Valiéndose del contenido de la carta, «A» explica a «B» cómo es Casimiro y dice qué piensa de él. «B» hace lo mismo respecto a Lourdes.

2) ¿Qué regalo de cumpleaños le gustaría recibir? ¿Cuál le gustaría no recibir?

5. Haga frases parecidas

1. Para hablar con sinceridad, hasta hoy he conservado la esperanza.
   Para ....
2. Sólo te acuerdas de lo que te conviene.
   .... lo que ....
3. No quiero hablar con quien no me quiere.
   .... quien ....
4. No te devolveré tus regalos si tú no me devuelves los míos.
   .... si ....

1. Forme nombres de la misma familia colocando la terminación adecuada.

-UNA/-TERÍA/-OSO/-INA/-UNADO/-ÍNA/-UNO/-ERA/-ERO/
-ADO/-ERA

a) ACEITE

ACEIT _ _ _
ACEIT _ _ _
ACEIT _ _ _
ACEIT _ _ _
ACEIT _ _ _ _ _

b) SAL

SAL _ _ _
SAL _ _ _
SAL _ _ _

c) CAFÉ

CAFE _ _ _
CAFE _ _ _ _
CAFE _ _ _ _ _

2. Coloque ordenadamente una sílaba por casilla y obtendrá una frase coloquial. Fíjese en la clave.

	1	2	3	4	5	6	7	8
a	SE	AS	LAS	TRA	MAN	PU	CO	A
b	GA	TAS	LO	SO	TE	BO	RI	SIS

□ □□ □ □□

1a, 6a, 4b,
3a, 6b, 2b.

Desde tiempos muy antiguos la comida ha tenido un papel importante entre las costumbres relacionadas con la muerte de una persona querida.

En algunos sitios se dejaba un buen plato junto a la sepultura del muerto. En otros lugares los familiares y amigos ponían cada uno lo que podían de comer, y esto se regalaba al párroco que decía la misa de difuntos.

En algunas regiones existía hasta hace poco tiempo la costumbre de celebrar comidas en recuerdo de los muertos. Y hoy día no es raro comer en un buen restaurante después de haber llevado a enterrar al ser querido. Todavía en algunos pueblos pequeños de la huerta del río Segura (Murcia) tienen lugar celebraciones de este género. Los hombres, después de dejar enterrado al difunto en el cementerio, se van a los bares del pueblo para olvidar su tristeza. Este festejo se llama «el alboloque», que a veces se paga con dinero que oportunamente el difunto dejó para hacer feliz a sus amigos en el día de su entierro.

NOTAS

1. Responda a las preguntas siguientes

1. ¿Qué recibía el párroco que decía la misa de difuntos?
2. ¿Qué se hacía en recuerdo de los difuntos hasta hace poco tiempo?
3. ¿En qué consiste «el alboloque»?
4. ¿Por qué dejan dinero para «el alboloque» algunas personas?

2. Busque las palabras de significado más afín

1. Acostumbrar.
2. Regalo.
3. Recordar.
4. Hortaliza.
5. Olvido.
6. Felicidad.

3. Lea a su compañero

A) Desde tiempos muy a▶, la comida ha tenido un p▶ importante entre las costumbres r▶ con la muerte de una persona querida. En algunos s▶ se dejaba un buen plato junto a la s▶ del muerto. En otros l▶ los familiares y amigos p▶ cada uno lo que p▶ de comer, y esto se r▶ al párroco que decía la m▶ de difuntos.

B) En algunas r▶ existía hasta h▶ poco tiempo la costumbre de celebrar comidas en r▶ de los muertos. Y hoy día no es r▶ comer en un buen restaurante d▶ de haber llevado a e▶ al ser querido. T▶ en algunos pueblos pequeños de la h▶ del río Segura (Murcia) tienen l▶ celebraciones de este género. Los hombres, después de d▶ enterrado al d▶ en el cementerio, se van a los bares del pueblo para o▶ su tr▶. Este f▶ se llama «el alboloque», que a v▶ se paga con dinero que el difunto d▶ para h▶ f▶ a sus amigos en el día de su e▶.

4. 1) Diga a su compañero qué le parece la costumbre del «alboloque».

2) Hable de alguna costumbre curiosa de su país o región relacionada con la muerte.

5. Haga frases parecidas

1. Los familiares ponían cada uno lo que podían de comer.
   .... cada uno lo que ....
2. Esta costumbre existía hasta hace poco tiempo.
   .... hasta hace ....
3. Me siento mejor después de haber paseado.
   .... después de haber ....
4. Se van a los bares después de dejar enterrado al difunto.
   .... después de dejar ....

❶ Complete la frase y obtendrá un famoso refrán español.

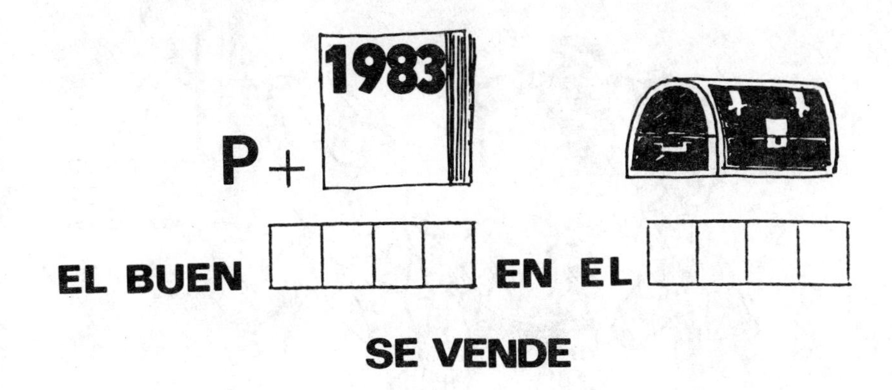

❷ Forme nuevas palabras introduciendo sucesivamente cada una de las tres letras dadas en la casilla marcada con un círculo.

a) **R T P**

C	O	R	T	E

*

			○	
○				
			○	

b) **A V M**

F	R	E	N	A

*

○				
	○			
	○			

UNA PREGUNTA de CULTURA

Rogelio Valerio, un magnate de la industria del calzado, había salido de la nada. De simple propietario de una alpargatería había llegado a crear una cadena de zapaterías que se extendía por toda España. Poseía además sus propias fábricas. Se le calculaba una fortuna inmensa.

Pero con tanto hacer dinero, Valerio no había tenido tiempo para cultivarse, y esto era un vacío que él notaba frecuentemente en sus relaciones con los demás. A ello quiso poner remedio con un largo viaje que emprendió con su esposa por toda Europa.

Visitaron museos de todo tipo, palacios, catedrales y castillos. Fueron al teatro, a la ópera y a conciertos. Aprovecharon en suma cada minuto del viaje para instruirse.

Los conocimientos adquiridos fueron sin duda muchos, pero quizá algunos estaban un poco embrollados. Y así ocurrió que, después de mencionar Rogelio Valerio a un amigo que había visto el Louvre, éste le preguntó:

—¿Qué te pareció la Gioconda?

A lo que el comerciante respondió:

—¡Canta de maravilla!

NOTAS

1. Responda a las preguntas siguientes

1. ¿Qué vendía Rogelio Valerio en sus comienzos?
2. ¿Qué problema tenía Valerio?
3. ¿Para qué hizo el matrimonio Valerio aquel viaje por Europa?
4. ¿Con quién confundió Rogelio a la Gioconda?

2. Busque los sinónimos de

1. Dueño.
2. Un capital.
3. A menudo.
4. Observaba.
5. Confusos.
6. Decir.

3. Lea a su compañero

A) Rogelio Valerio, un magnate de la i▶ del calzado había salido de la n▶. De s▶ propietario de una alpargatería, había ll▶ a crear una cadena de zapaterías que se e▶ por toda España. P▶ además sus propias fábricas. Se la c▶ una fortuna inmensa. Pero con t▶ hacer dinero, Valerio no h▶ tenido tiempo para c▶, y e▶ era un vacío que él n▶ frecuentemente en sus relaciones con los d▶. A ello q▶ poner remedio con un largo viaje que e▶ con su esposa por toda Europa.

B) Visitaron museos de todo t▶, palacios, catedrales y c▶. F▶ al teatro, a la ópera y a conciertos. A▶ en suma cada minuto del viaje para i▶. Los conocimientos a▶ fueron sin d▶ muchos, pero quizá algunos e▶ un poco embrollados. Y así o▶ que, después d▶ mencionar Rogelio a un amigo que había v▶ el Louvre, éste le pr▶: «¿Qué te p▶ la Gioconda?» A l▶ qu▶ el comerciante respondió: «¡Canta de m▶!»

4. 1) ¿Qué tipo de música le gusta más? Hable de ella a su compañero.

2) ¿Qué cuadro le gusta más? Descríbaselo a su compañero.

5. Haga frases parecidas

1. De obrero de una fábrica, había llegado a ser dueño de la misma.
   De ....
2. Con tanto trabajar, no había tenido tiempo de divertirse.
   Con tanto .... , ...
3. Esto era un problema que le preocupaba.
   Esto .... que ....
4. Aprovecharon cada minuto del viaje para instruirse.
   .... cada ....
   para ....

1 Coloque ordenadamente una sílaba por casilla y obtendrá una frase coloquial. Fíjese en la clave.

	1	2	3	4	5	6	7	8
a	ÑA	ZU	NO	RE	CAS	CU	GO	LA
b	DES	Y	ROS	NI	ME	WA	TA	ZA

☐ ☐ ☐ ☐ ☐☐☐

3a, 5b, 1b, 8a,
5a, 7b, 1a.

2 Forme nombres de la misma familia colocando la terminación adecuada.

-GOTAS/-MUEBLES/-ADOR/-ESPALDAS/-META/-PASOS/-ABLE/
-COCHES/-ABILIDAD/-RROPA/-COSTAS/-QUILÓMETROS

a) GUARDAR

GUARDA _ _ _ _
GUARDA _ _ _ _ _
GUARDA _ _ _ _ _ _
GUARDA _ _ _ _ _ _
GUARDA _ _ _ _ _ _ _
GUARDA _ _ _ _ _ _ _ _

b) CONTAR

CONT _ _ _ _
CONT _ _ _ _
CONT _ _ _ _ _ _ _ _

c) CUENTA

CUENTA _ _ _ _ _
CUENTA _ _ _ _ _
CUENTA _ _ _ _ _ _ _ _ _ _ _

¿ALGO QUE DECLARAR?

—¿Tiene usted algo que declarar?

El padre Bermúdez, que acababa de desembarcar de un avión procedente de Cuba, contestó:

—Nada.

El empleado de la aduana, sin embargo, no quedó satisfecho con la respuesta y pidió:

—¿Quiere hacer el favor de abrir su maleta?

El religioso obedeció y el empleado buscó un poco entre la ropa.

—Lleva usted dos botellas de ron, padre.

—Son para un regalo.

—Sólo está permitido una botella sin descorchar libre de impuestos. Por la otra tiene que pagar.

—¿Cuánto?

—Dos mil pesetas.

—¡Pero qué abuso! ¡Me niego!

Una hora después el padre Bermúdez volvía a aparecer ante aquel aduanero. Iba muy alegre, se tambaleaba y en una mano llevaba una botella de ron menos de media.

—¡Hombre, no tenía que haber bebido tanto para pasar la botella sin pagar! —exclamó el aduanero con una sonrisa.

—¡Es que es una bebida maravillosa! —gritó con entusiasmo el religioso.

NOTAS

1. Diga lo mismo con palabras de la historia

El padre Bermúdez acababa de llegar de Cuba.
El padre Bermúdez acababa de desembarcar de un avión procedente de Cuba.

1. Abra su maleta, por favor.
2. Las traigo para regalarlas.
3. ¡No quiero!
4. No era necesario beber tanto.

2. Busque los antónimos de

1. Embarcar.
2. Insatisfecho.
3. Pregunta.
4. Prohibido.
5. Triste.

3. Lea con su compañero

A) —¿Tiene usted algo que d▶?
B) —N▶.
A) —¿Qu▶ hacer el favor de a▶ su m▶?
...
A) —Ll▶ usted dos botellas de r▶, padre.
B) —S▶ para un r▶.
A) —Sólo e▶ permitido una botella sin d▶ libre de impuestos. P▶ la otra t▶ que pagar.
—¡Pero qué a▶! ¡Me n▶!
...
A) —¡H▶, no tenía que h▶ bebido tanto p▶ pasar la botella sin p▶!
B) —¡E▶ que e▶ una bebida maravillosa!

4. 1) En la aduana. El alumno «A» es el aduanero que hace preguntas al alumno «B» (pasajero). Aquél le hace abrir a éste el equipaje y descubre algo por lo que tiene que pagar. «B» muestra su enfado.

2) Hágase un nuevo diálogo en que los papeles se invierten y el artículo por el que hay que pagar es otro.

5. Haga frases parecidas

1. ¿Tiene usted algo que declarar?
¿ .... algo que ....?
2. El médico, que acababa de llegar, contestó...
............................, que acababa de ...., ...
....
3. Por la otra tiene que pagar.
Por .... tiene que ....
4. No tenía que haber bebido tanto.
No tenía que haber ....
5. ¡Es que es una bebida maravillosa!
....

1. Forme nuevas palabras introduciendo sucesivamente cada una de las tres letras dadas en la casilla marcada con un círculo

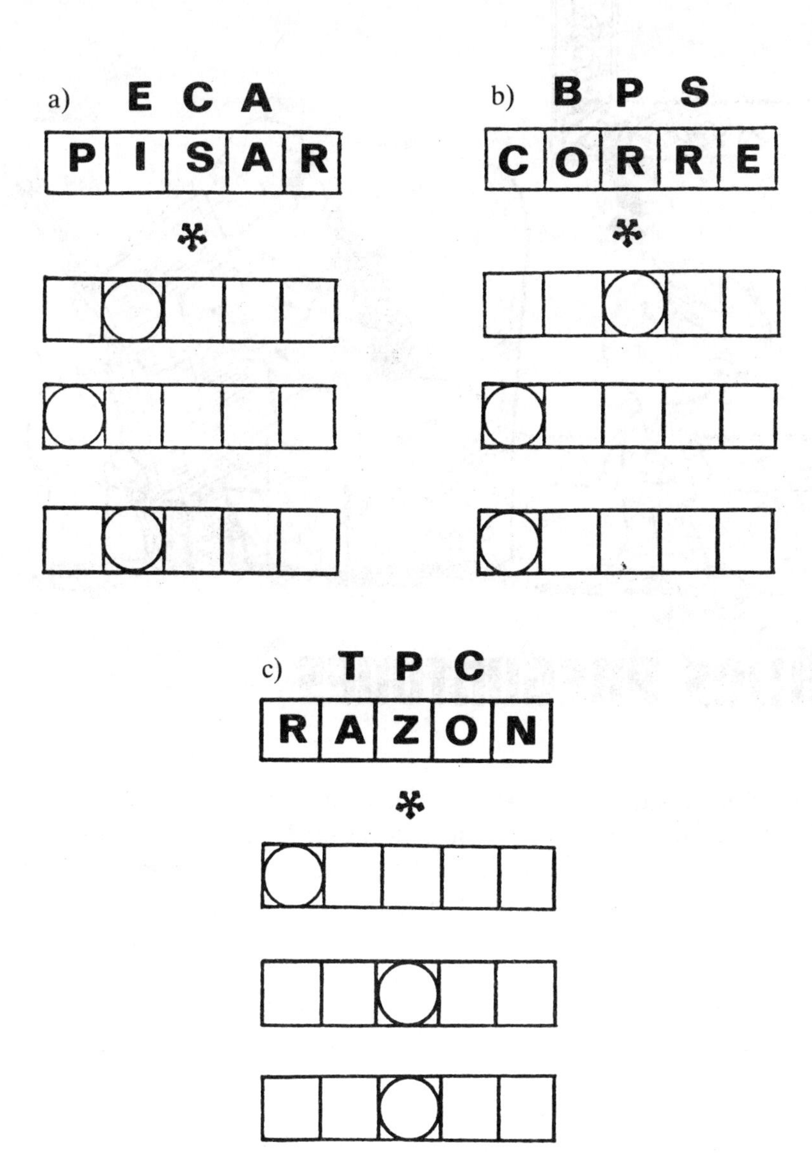

HIJOS PREGUNTONES

El señor Navarro, taxista, trabajaba intensamente desde las ocho y media de la mañana hasta las siete de la tarde. Regresaba a casa muy cansado y lo primero que hacía era darse una ducha caliente. Después se tomaba un tentempié y se aposentaba en un cómodo sillón, donde leía el periódico del día hasta la hora de la cena. Pero el señor Navarro tenía siete hijos que constantemente le interrumpían. Le hacían preguntas sobre sus deberes escolares, preguntas que eran difíciles para el padre, y él se los quitaba de encima aconsejando: «consulta la enciclopedia». Había adquirido una enciclopedia de treinta tomos para hacer frente a una gran variedad de preguntas. Pero también recurría el señor Navarro a veces a pasar la pregunta a su esposa. Esto mismo es lo que ocurrió un día en que uno de sus hijos menores le preguntó:

—Papá, ¿dónde están los Alpes?

A lo que el taxista, sin levantar la vista del periódico, respondió:

—Pregúntale a tu madre, que ella lo guarda todo, hijo.

NOTAS

1. Diga lo mismo con palabras de la historia

El señor Navarro terminaba su trabajo a las siete de la tarde.
El señor Navarro trabajaba hasta las siete de la tarde.

1. Se duchaba antes de nada.
2. Luego comía algo y se ponía a leer el periódico.
3. En casa había una enciclopedia de treinta tomos.
4. Un hijo suyo le preguntó que dónde estaban los Alpes.

2. Busque los sinónimos de

1. Volvía.
2. Fatigado.
3. Acomodaba.
4. Continuamente.
5. Complicadas.
6. Alzar.

3. Lea con su compañero

A) El señor Navarro, taxista, trabajaba i▶ desde las ocho y media de la mañana hasta las siete de la tarde. R▶ a casa muy cansado y lo pr▶ que hacía era d▶ una ducha caliente. Después se t▶ un tentempié y se aposentaba en un c▶ sillón, donde leía el p▶ del día hasta la hora de la c▶. Pero el señor Navarro t▶ siete hijos que constantemente le i▶. Le h▶ preguntas sobre sus d▶ escolares; preguntas que e▶ difíciles p▶ el padre.

B) Y él se l▶ quitaba de e▶ aconsejando: «consulta la e▶». Había a▶ una enciclopedia de treinta t▶ para hacer frente a una gran v▶ de preguntas. Pero t▶ recurría el señor Navarro a v▶ a pasar la pregunta a su e▶. Esto m▶ es lo que o▶ un día e▶ que uno de sus hijos m▶ le preguntó: «Papá, ¿dónde e▶ los Alpes?». A l▶ qu▶ el taxista, s▶ levantar la v▶ del periódico, respondió: «Pr▶ a tu madre, que ella lo gu▶ todo, hijo».

4. 1) Cuente a su compañero lo que suele hacer en casa desde que vuelve del trabajo o de clases hasta la hora de acostarse.

2) Hable a su compañero de las virtudes y defectos de alguna enciclopedia o diccionario que usa con cierta frecuencia.

5. Haga frases parecidas

1. Regresaba a casa muy cansado.
   ....
2. Se sentaba en un sillón, donde leía el periódico.
   ...., donde ....
3. Esto es lo que ocurrió un día.
   .... lo que ....
4. Habló sin levantar la vista del periódico.
   .... sin ....

❶ Complete la frase y obtendrá un famoso refrán español.

❷ Forme nombres de la misma familia colocando la terminación adecuada.

-AVOZ/-EZUELA/-ERO/-O/-AZO/-ÁTIL/-ADA/-A/-ADOR/
-ERÍA/-AAVIONES

a) (TRANS)PORTAR

PORT _ _ _ _
PORT _ _ _ _
PORT _ _ _ _
PORT _ _ _ _ _ _ _ _ _

b) PORTAL

PORT _ _ _
PORT _ _ _
PORT _ _ _
PORT _ _ _ _
PORT _ _ _ _ _ _

PUERT _
PUERT _

Bandera a media asta

En el pueblo de Vallellano, provincia de Albacete, había un casino que era el centro de casi toda su vida social, y de aquel casino se cuenta una curiosa anécdota.

El casino, como es sabido, es una institución muy típica de pueblos y ciudades españolas, aunque hoy día se encuentra en decadencia. En los casinos se juega al dominó, a las cartas y al billar; se realizan actos culturales y se celebran bailes. Dentro del casino hay un bar y, a veces, hasta un restaurante.

En los casinos se hace tertulia, se conciertan tratos comerciales, se leen periódicos y se sestea en sus sillones.

En otros tiempos ser socio del casino era una distinción social; hoy día la admisión está abierta a cualquiera.

Referente al casino de Vallellano, un día dos socios se quedaron mirando a la bandera que ondeaba sobre el edificio.

—Oye, ¿por qué está la bandera del casino a media asta? —preguntó uno de ellos.

—Porque se ha muerto el Papa.

—¡Ah, no sabía que el Papa era socio del casino!

NOTAS

1. Responda a las preguntas siguientes

1. ¿Qué importancia tenía el casino de Vallellano?
2. ¿A qué se juega en los casinos?
3. ¿Para qué se usan los sillones del casino a veces?
4. ¿Por qué estaba la bandera a media asta, según un socio?

2. Busque las palabras de significado más afín

1. Céntrico.
2. Sociedad.
3. Decadente.
4. Comercio.
5. Distinguido.
6. Mitad.
7. Sabio.

3. Lea a su compañero

A) En el pueblo de Vallellano, pr▶ de Albacete, había un casino qu▶ era el c▶ de casi toda su vida social, y de aquel casino s▶ cuenta una curiosa a▶. El casino, como es s▶, es una institución muy típica de pueblos y c▶ españolas, aunque h▶ día se encuentra en decadencia. En los casinos se j▶ al dominó, a las c▶ y a▶ billar; se realizan a▶ culturales y se celebran b▶. D▶ del casino h▶ un bar y, a veces, h▶ un restaurante.

B) En los casinos se h▶ tertulia, se conciertan tr▶ comerciales, se leen los periódicos y se sestea en sus s▶. En otros tiempos s▶ socio del casino e▶ una distinción social: hoy día la admisión e▶ abierta a c▶. Referente al casino de Vallellano, un día dos socios se qu▶ mirando a la bandera qu▶ ondeaba sobre el e▶. «Oye, ¿por qué e▶ la bandera del casino a media asta?». «P▶ se ha m▶ el Papa». «¡Ah, no s▶ que el Papa e▶ socio del casino!».

4. 1) Hable a su compañero de algún club social de su país, región o ciudad. Compare sus actividades con las del casino español.

2) ¿Qué juego le gusta a usted más? Explique a su compañero en qué consiste.

5. Haga frases parecidas

1. Había un casino que era el centro de la vida social.
   Había .... que era ....
2. Ser socio del casino era una distinción.
   Ser .... era ....
3. Se quedaron mirando a la bandera.
   .... quedaron ....
4. Yo no sabía que el Papa era socio del casino.
   .... que .... era ....

1 Forme nombres de la misma familia colocando la terminación adecuada.

-ERO/-O/-ADA/-AL/-AR/-ERÍA/-ADA

a) NARANJA

NARANJ _
NARANJ _ _
NARANJ _ _ _
NARANJ _ _ _

b) LIMÓN

LIMON _ _ _
LIMON _ _ _
LIMON _ _

c) FRUTA

FRUT _
FRUT _ _
FRUT _ _ _
FRUT _ _ _ _

2 Coloque ordenadamente una sílaba por casilla y obtendrá una frase coloquial. Fíjese en la clave.

	1	2	3	4	5	6	7	8
a	CO	VIE	TA	GUE	UN	DE	PE	RU
b	VER	FU	ES	EX	MO	US	JO	JO

☐ ☐ ☐☐ ☐☐

3b, 5a, 2a,
8b, 1b, 6a.

NO HAY PROBLEMA

Vicente Mencía era el encargado de una conocia óptica de Granada. Llevaba muchos años en la casa y ganaba un buen sueldo más una participación en los beneficios. Todos los años ahorraba para costearse unas vacaciones en el extranjero, vestía bien, comía en buenos restaurantes y tenía un gran coche y un piso de soltero en el mismo centro de la ciudad.

Un día Vicente entró en un restaurante económico. Sentía la nostalgia de los tiempos difíciles de su juventud, cuando el sueldo apenas le llegaba para las necesidades primordiales.

En aquel restaurante modesto, pero limpio, Vicente pronto tuvo ante sí el filete de carne que había pedido. Sin embargo, al poco llamó al camarero:

—Oiga, esta carne está muy dura.

—Pues todos nuestros clientes se la comen.

—Me la va a cambiar por otra.

—No tenemos otra, señor.

—¡Qué problema!

—No se preocupe, señor; ahora mismo le traigo un cuchillo de cocina y verá qué bien la corta.

NOTAS

1. Diga lo mismo con palabras de la historia

1. Una de las principales ópticas de Granada.
2. Se acordaba con cariño de su época de privaciones.
3. Cuando ganaba un sueldo muy pequeño.
4. No tardó en llegar el filete de carne pedido.

2. Busque los antónimos de

1. Desconocida.
2. Pérdidas.
3. Caro.
4. Vejez.
5. Blanda.

3. Lea con su compañero

A) Vicente Mencía era el e▶ de una conocida óptica de Granada. Ll▶ muchos años en la casa y ganaba un buen s▶ más una p▶ en los beneficios. Todos los años a▶ para costearse unas vacaciones en el e▶, vestía bien, c▶ en buenos restaurantes y tenía un gr▶ coche y un piso de soltero en el m▶ centro de la ciudad.

B) Un día Vicente e▶ en un restaurante económico. S▶ la nostalgia de los t▶ difíciles de su juventud, c▶ el sueldo apenas le ll▶ para las necesidades pr▶. En aquel restaurante modesto, pero l▶, Vicente pronto tuvo ante s▶ el filete de carne que h▶ pedido. Sin embargo, a▶ poco llamó al c▶:

B) —O▶, esta carne e▶ muy dura.

A) —Pues todos nuestros clientes s▶ l▶ comen.

B) —M▶ l▶ va a cambiar p▶ otra.

A) —No t▶ otra, señor.

B) —¡Qu▶ problema!

A) —No se pr▶, señor; ahora mismo le tr▶ un cuchillo de cocina y v▶ qué bien la corta.

4. 1) Hable a su compañero de algún plato que le guste especialmente. Diga qué ingredientes lleva y cómo se hace.

2) «A los hombres se les enamora mejor por el estómago que por el corazón.» Diga qué piensa de este dicho.

5. Haga frases parecidas

1. Llevaba muchos años en la casa.
   Llevaba ....
2. Ahorraba para costearse unas vacaciones.
   .... para ....
3. Recordaba los tiempos difíciles, cuando el sueldo apenas le llegaba.
   .... , cuando
   ....
   ....

4. Me la va a cambiar por otra.
   Me la va a ....

5. Verá qué bien se corta la carne con este cuchillo.
   Verá qué bien ....

❶ Forme nuevas palabras introduciendo sucesivamente cada una de las tres letras dadas en la casilla marcada con un círculo

a) **N T I**

G	R	A	M	O

*

			○	

			○	

		○		

b) **R C L**

M	U	L	O

*

		○	

○			

		○	

c) **C S N**

M	U	E	L	A

*

○				

○				

			○	

La carrera de un ACTOR

Ramón Morales ha pasado a la historia del teatro como actor cómico. Sin embargo, este célebre artista empezó su carrera como actor dramático, y lo fue durante varios años. Él mismo contó en diversas ocasiones cómo pasó de los papeles dramáticos a los cómicos.

El hecho ocurrió durante el estreno de una obra muy seria y profunda en la que Morales representaba un papel secundario. Allí Morales hacía de secretario de un ministro y, en un momento dado, aquél entraba en el despacho de su jefe y le decía: «Señor ministro, ahí fuera le espera una mujer de unos treinta años». Pero Morales se equivocó, y en lugar de aquello dijo: «Señor ministro, ahí fuera le espera una mujer desde hace treinta años». Este disparate hizo estallar al público en carcajadas, y a partir de ahí no cesó de reír con todo lo que decía Morales, quien en realidad interpretaba un papel serio. Además la obra se convirtió en una pieza cómica desde aquel día, y como tal permaneció muchos meses en cartel. En adelante, Morales fue siempre contratado como actor cómico.

NOTAS

1. Diga lo mismo con palabras de la historia

1. Sus primeros papeles fueron dramáticos.
2. Dejó de actuar como actor dramático y se hizo actor cómico.
3. Desde ese momento los espectadores no dejaron de reír.
4. A partir de aquella obra Morales se convirtió en actor cómico.

2. Busque las palabras de significado más afín

1. Paso.
2. Fama.
3. Actriz.
4. Seriedad.
5. Profundidad.
6. Secretaría.
7. Equivocación.
8. Mensual.

3. Lea a su compañero

A) Ramón Morales ha p▶ a la historia del t▶ como actor c▶. Sin embargo, este célebre a▶ empezó su c▶ como actor dramático, y l▶ fue durante v▶ años. Él m▶ contó en diversas o▶ cómo pasó de los p▶ dramáticos a los cómicos. El h▶ ocurrió durante el e▶ de una obra muy seria y profunda en l▶ qu▶ Morales h▶ d▶ secretario de un ministro y, en un momento d▶, aquél entraba en el d▶ de éste y l▶ decía: «Señor ministro, ahí f▶ le espera una mujer de u▶ treinta años». Pero Morales se e▶, y en l▶ de aquello dijo:

B) «Señor ministro, ahí f▶ le espera una mujer d▶ h▶ treinta años». Este d▶ hizo estallar al público en c▶, y a partir de a▶ no cesó de reír con todo l▶ qu▶ decía Morales, qu▶ en realidad i▶ un papel serio. Además la obra se c▶ en una pieza c▶ desde aquel día, y como t▶ permaneció muchos meses en c▶. En a▶, Morales fue s▶ contratado c▶ actor cómico.

4. 1) ¿Qué obra de teatro o película cómica le ha gustado especialmente? Dígale a su compañero de qué trata y háblele de la actuación del actor principal. Cuéntele alguna escena sobresaliente.

2) Hable igualmente de alguna obra o película dramática.

5. Haga frases parecidas

1. Una obra en la que Morales representaba un papel secundario.
   .... en la que ....
2. Le espera una mujer desde hace treinta años.
   .... desde hace ....
3. La gente se reía con casi todo lo que decía Morales.
   .... lo que ....
4. Aquella obra, que se presentaba como seria, se convirtió en cómica.
   ...., que ....,
   ....

1 Complete la frase y obtendrá un famoso refrán español.

2 Forme nombres de la misma familia colocando la terminación adecuada.

-TACIÓN/-ECER/-IPIENTE/-EPCIÓN/-CIA/-ABLE/-EPTOR/
-ITO/-TE/-IBO

a) PRESENTAR

PRESEN _ _
PRESEN _ _ _
PRESEN _ _ _ _ _ _

b) FAVOR

FAVOR _ _ _
FAVOR _ _ _ _
FAVOR _ _ _ _

c) RECIBIR

REC _ _ _
REC _ _ _ _ _
REC _ _ _ _ _ _
REC _ _ _ _ _ _ _

Un aviòn superrapido

Después de diez años de trabajar en el Ministerio de Obras Públicas, a Mateo Antón se le presentó la oportunidad de ascender. Sus jefes le ofrecían el puesto de ingeniero inspector, puesto que era de más categoría que el que tenía y que estaba mucho mejor pagado.

El trabajo de ingeniero inspector consistía en visitar e informar sobre la construcción de puentes, carreteras y obras en general que el Ministerio llevaba a cabo en diversos puntos del país.

La labor en sí era muy interesante, pero Mateo Antón la aceptó de mala gana porque no le gustaba viajar. Era un hombre sedentario.

Para realizar sus nuevas funciones se desplazaba preferentemente en avión, porque era la manera de terminar cuanto antes y volver a su casa.

Al cabo de varios meses de viajes, Antón se encontraba muy cansado y hasta un tanto histérico.

—Oiga, ¿cuánto tarda el avión de Madrid a León? —quiso saber por teléfono antes de hacer una de aquellas salidas.

—Un segundo...

—¡Tía imbécil! —contestó Mateo furibundo al tiempo que colgaba de un golpe el auricular.

NOTAS

1. Responda a las preguntas siguientes

1. ¿Qué ventajas tenía el puesto de ingeniero jefe para Mateo Antón?
2. ¿Quién realizaba las obras que Antón tenía que visitar?
3. ¿Qué inconveniente tenía aquel puesto para Antón?
4. ¿Qué entendió Antón cuando la telefonista dijo «un segundo».

2. Busque las palabras de significado más afín

1. Paga.
2. Informe.
3. Distintos.
4. Cumplir.
5. Cansancio.
6. Oído.

3. Lea a su compañero

A) D▶ de diez años d▶ trabajar en el Ministerio de O▶ Públicas, a Mateo Antón s▶ l▶ presentó la o▶ de ascender. Sus jefes le ofrecían el p▶ de ingeniero inspector, puesto qu▶ era de más categoría que e▶ qu▶ tenía y qu▶ e▶ mucho mejor pagado. El trabajo de i▶ inspector c▶ en visitar e informar s▶ la construcción de p▶, carreteras y obras en g▶ que el Ministerio ll▶ a c▶ en diversos puntos del p▶. La labor en s▶ era muy interesante, pero Mateo Antón l▶ aceptó de mala g▶ porque no l▶ gustaba viajar, era un hombre s▶.

B) Para r▶ sus nuevas funciones se d▶ preferentemente en avión, porque era la m▶ de terminar c▶ antes y volver a su casa. Al c▶ de varios meses de viajes, Antón se e▶ muy cansado y h▶ un tanto histérico. «O▶, ¿cuánto tarda el avión de Madrid a León?», qu▶ saber por teléfono a▶ d▶ hacer una de aquellas s▶. «Un segundo...». «¡T▶ imbécil!», contestó Mateo furibundo al t▶ que colgaba de un g▶ el auricular.

4. 1) Hable con su compañero de las ventajas e inconvenientes del avión.
2) Ídem del tren.
3) Ídem del coche.

5. Haga frases parecidas

1. Era un puesto de más categoría que el que tenía.
   .... que el que ....
2. A los varios meses de trabajar se encontraba cansado.
   A .... de ....
3. Para realizar sus funciones se desplazaba preferentemente en avión.
   Para ....
   ....
4. Quiso reflexionar antes de tomar una decisión.
   .... antes de ....

1 Coloque ordenadamente una sílaba por casilla y obtendrá una frase coloquial. Fíjese en la clave.

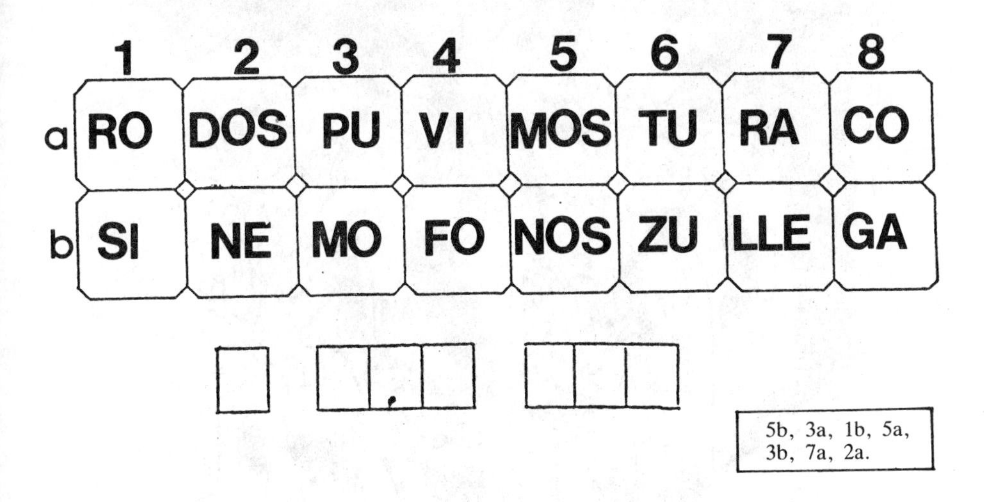

5b, 3a, 1b, 5a, 3b, 7a, 2a.

2 Forme nuevas palabras introduciendo sucesivamente cada una de las tres letras dadas en la casilla marcada con un círculo.

a) **A U D**

H	A	C	H	E

b) **R M Z**

S	E	G	A	R

LA CLAC

En algunos teatros de Madrid existe todavía la costumbre de la «clac». La clac son aquellas personas que asisten a una función para aplaudir. Los componentes de la clac, dirigidos por su jefe, pueden así provocar un aplauso general del auditorio en momentos propicios. Al final de cada acto pueden igualmente contribuir a hacer subir y bajar el telón. Los empresarios del teatro pensaban que la clac ejercía una labor de apoyo a las piezas teatrales, al tiempo que orientaba al público sobre incidentes de significación dramática que quizá no estaban claros para todos. Hay quien sostiene que muchas obras se salvaron e incluso se consagraron gracias a la intervención de la clac. Lo que no cabe duda es que mucha gente de economía modesta podía ver teatro por medio de las entradas de clac, que era un número de entradas que se ponían libremente a la venta a un precio reducido. Muchos jóvenes pudieron así adquirir un gusto por el teatro, y alguno llegó incluso a ser alguien destacado en el mundo de las tablas.

NOTAS

1. Diga lo contrario con palabras de la historia

1. Ya no existe la costumbre de la clac.
2. El jefe de la clac, dirigido por sus componentes.
3. Incidentes que seguramente estaban claros para el público.
4. Muchas obras fracasaron por causa de la clac.

2. Busque los sinónimos de

1. Público.
2. Término.
3. Mantiene.
4. Triunfaron.
5. Una afición.
6. Importante.

3. Lea a su compañero

A) En algunos teatros de Madrid e▶ todavía la costumbre de la «clac». La clac s▶ aquellas personas que a▶ a una función para a▶. Los componentes de la clac, d▶ por su jefe, pueden a▶ provocar un a▶ general del auditorio en momentos propicios. Al final de cada a▶ pueden igualmente h▶ subir y b▶ el telón. Los e▶ del teatro pensaban qu▶ la clac e▶ una labor de a▶ a las piezas teatrales, al t▶ qu▶ orientaba al p▶ sobre incidentes de significación dr▶ qu▶ quizá no e▶ claros para todos.

B) H▶ qu▶ sostiene que muchas o▶ se salvaron e i▶ se consagraron gracias a la i▶ de la clac. L▶ que no c▶ duda es que mucha gente de e▶ modesta podía ver teatro p▶ m▶ de las entradas de clac, qu▶ e▶ un número de entradas que se p▶ libremente a la venta a un precio r▶. Muchos jóvenes p▶ así adquirir un gusto p▶ el teatro, y a▶ llegó incluso a ser a▶ destacado en el m▶ de las tablas.

4. 1) Dígale a su compañero qué piensa de la clac.

2) Exponga si le gustaría o no ser actor/actriz. Dé razones.

5. Haga frases parecidas

1. La clac, dirigida por su jefe, tiene que aplaudir.
   ...., ..., ...
2. Hay quien sostiene que la clac salvó a muchas obras.
   Hay quien .... que ....
3. Lo que no cabe duda es que la clac era muy popular.
   Lo que no cabe duda es que ....
4. Alguno llegó a ser una figura importante.
   .... llegó a ser ....

1 Complete la frase y obtendrá un famoso refrán español.

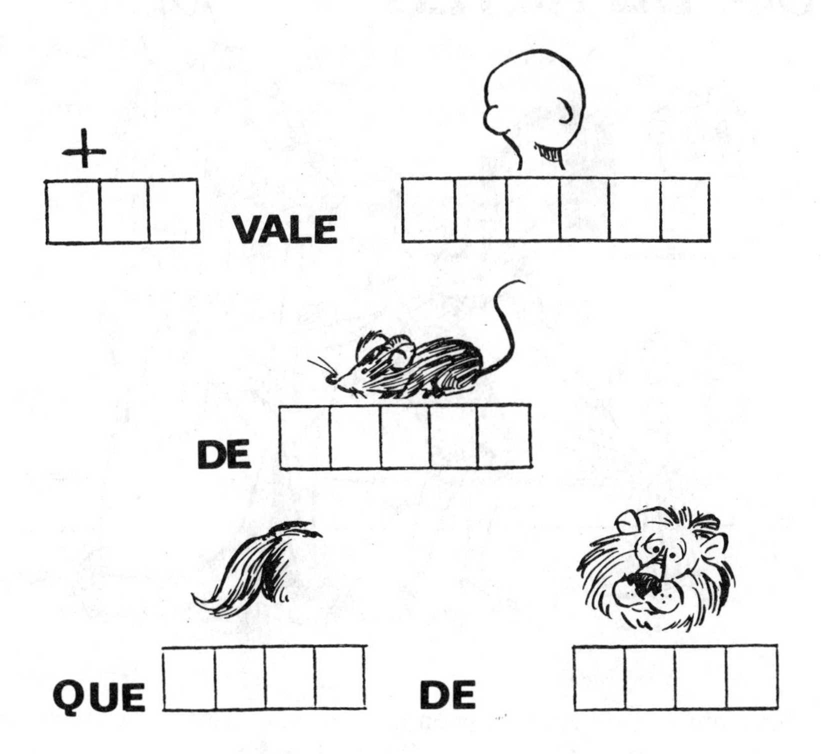

2 Forme nombres de la misma familia colocando la terminación adecuada.

-AZO/-INA/-ASTRA/-INO/-ERNO/-AZA/-ERNAL/-ASTRO/
-RÓN/-IENTE

a) PADRE

PADR _ _ _
PADR _ _ _
PADR _ _ _ _ _

PAT _ _ _
PAT _ _ _ _
PAT _ _ _ _ _

PAR _ _ _ _ _

b) MADRE

MADR _ _ _
MADR _ _ _
MADR _ _ _ _ _

MAT _ _ _ _
MAT _ _ _ _ _

DIA DE REYES

Se acercaba el 6 de enero, día en que los niños españoles se encuentran al despertar con sus regalos de Reyes. Los Reyes, o Reyes Magos, son Melchor, Gaspar y Baltasar, que vienen de Oriente montados en soberbios camellos. Traen montones de juguetes para los niños buenos y por la noche los van dejando en sus habitaciones mientras están dormidos.

Por aquellos días Pepito, un niño de siete años, se dormía cada noche con alguna maravillosa historia que sus papás le contaban sobre los Reyes Magos y sus camellos. No contentos con eso, quisieron hacerle vivir la fantasía, y así el día 6 por la mañana la mamá despertó al niño y le mostró a su papá disfrazado de Rey Mago con corona, túnica y barbas blancas.

—¡Mira, Pepito, es el Rey Melchor que te trae los juguetes!

El niño miró de arriba abajo al «rey» y puso cara de desencanto.

—¿Qué te pasa, hijo, no te gusta el Rey?

—¡No!

—¿Por qué no?

—¡Porque no trae camello!

NOTAS

1. Busque en el texto las palabras que significan lo mismo que estas frases

1. Algo que se da gratuitamente.
2. Punto del horizonte por donde sale el sol.
3. Muchas cosas puestas unas encima de otras.
4. Vestido con ropas poco corrientes.

2. Busque las palabras de significado más afín

1. Encuentro.
2. Despierto.
3. Cuento.
4. Fantástico.
5. Palacio.
6. Muestra.

3. Lea a su compañero

A) Se a▶ el 6 de enero, día e▶ que los niños españoles se encuentran a▶ despertar con sus r▶ de Reyes. Los Reyes, o Reyes Magos, s▶ Melchor, Gaspar y Baltasar, qu▶ vienen de Oriente m▶ en soberbios camellos. Tr▶ montones de juguetes para los niños buenos y p▶ la noche los van d▶ en sus habitaciones mientras e▶ dormidos. P▶ aquellos días Pepito, un n▶ de siete años, se d▶ cada noche con a▶ maravillosa historia que sus papás le c▶ sobre los Reyes Magos y sus c▶.

B) No contentos con eso, qu▶ hacerle vivir la f▶, y así el día 6 p▶ la mañana la mamá d▶ al niño y le mostró a su papá d▶ de Rey Mago, con c▶, túnica y b▶ blancas. «¡M▶, es el Rey Melchor qu▶ t▶ trae los juguetes!». El niño miró de a▶ abajo al «rey» y p▶ cara de d▶. «¿Qué te p▶, hijo, no te gusta el Rey?». «¡No!». «¿P▶ qu▶ n▶?». «¡P▶ no trae camello!».

4. 1) Hable a su compañero de sus recuerdos de la infancia relacionados con los regalos que recibía por Navidad o en cualquier otra época o día del año.

2) Hoy día se celebra «el día de los enamorados», «el día del padre», «el día de la madre», etc. ¿Piensa que estas celebraciones tienen sentido auténtico o son solamente ocasiones que aprovechan los grandes almacenes para aumentar sus ventas?

5. Haga frases parecidas

1. Los niños se encuentran al despertar con sus regalos de Reyes.
   .... al ....
2. Van dejando los juguetes en las habitaciones de los niños.
   Van ....
3. No contentos con ello, quisieron hacerle vivir la fantasía.
   No contentos con ...., ...
4. ¡Es el Rey Melchor que te trae los juguetes!
   ¡Es .... que ....!

❶ Forme nuevas palabras introduciendo sucesivamente cada una de las tres letras dadas en la casilla marcada con un círculo

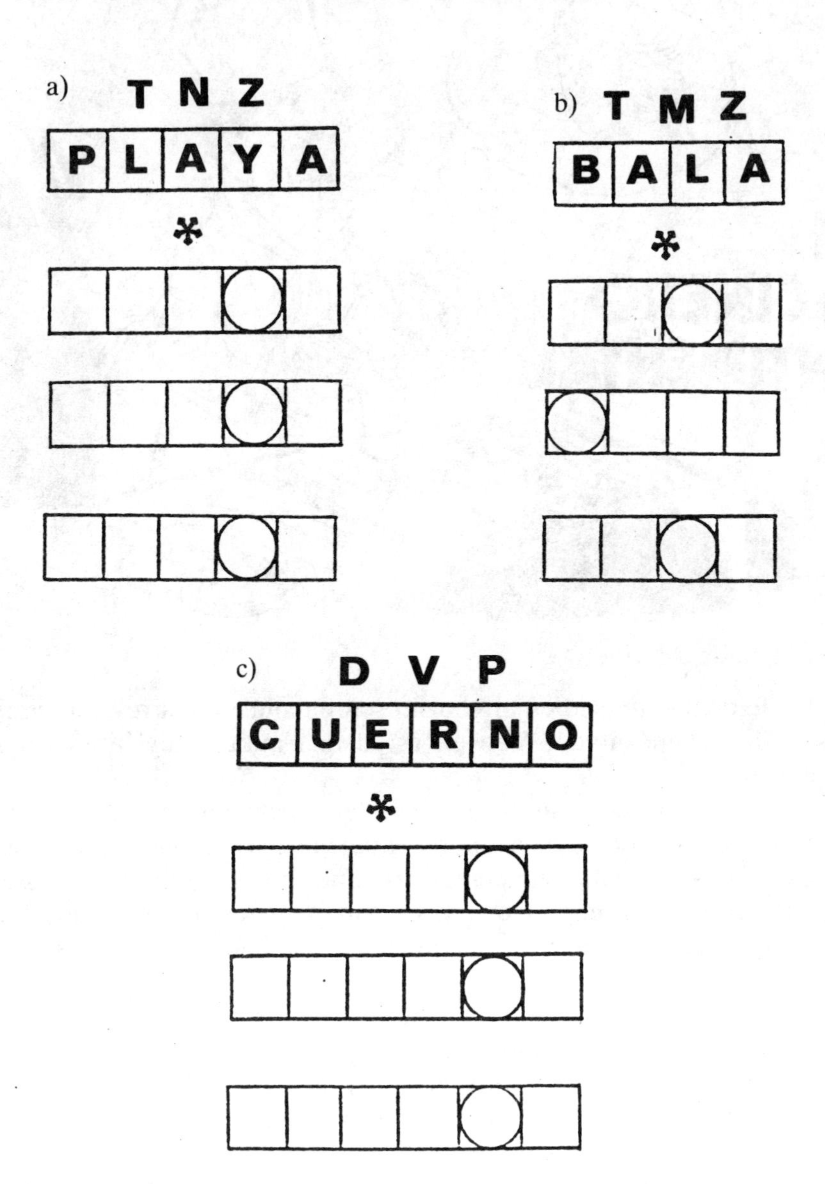

UN COCINERO SENTIMENTAL

Estimada Maribel:

He leído su anuncio en el «buzón sentimental» de la revista «Personas». Me ha encantado. Veo en usted una mujer muy interesante e inteligente.

Tenemos muchas afinidades, Maribel. A mí también me gusta la música clásica y detesto la «pop», que me parece una aberración.

Coincidimos igualmente en nuestro amor por la naturaleza y los animales. Yo en casa tengo tres perros, cuatro gatos, un loro, dos canarios y una pequeña serpiente amaestrada —se llama Julia y es simpatiquísima.

Yo soy viudo, sin hijos, tengo cincuenta años y soy cocinero jefe de un restaurante de lujo. Gozo de buena salud y me tengo por buen mozo —aquí le mando mi foto, envíeme la suya—. Tengo todo lo que necesito menos el cariño de una mujer. Yo a esa mujer le daría mucho cariño y también mi experiencia profesional, pues le haría unos platos delicados, tan buenos o mejores que en el restaurante donde trabajo. Respóndame pronto, estoy deseando conocerla. Con el corazón latiendo a toda velocidad,

Eladio.

NOTAS

1. Diga la verdad con palabras de la historia

1. Me parece usted una mujer vulgar.
2. No tenemos nada en común.
3. Tengo cuatro perros y tres gatos.
4. Soy pequeño de estatura.

2. Busque los sinónimos de

1. Complacido.
2. Odio.
3. Asimismo.
4. Excepto.
5. Afecto.
6. Exquisitos.

3. Lea a su compañero

A) E▶ Maribel: he l▶ su anuncio en el «b▶ sentimental» de la revista «Personas». M▶ h▶ encantado. V▶ en usted una mujer interesante e i▶. Tenemos muchas a▶, Maribel. A m▶ también m▶ gusta la música clásica y detesto l▶ «pop», que me p▶ una aberración. C▶ igualmente en nuestro amor p▶ la naturaleza y los animales. Yo en casa tengo tres perros, cuatro gatos, un l▶, dos canarios y una pequeña s▶ amaestrada —s▶ ll▶ Julia y es simpatiquísima.

B) Yo soy v▶, s▶ hijos, tengo cincuenta años y s▶ cocinero jefe de un restaurante d▶ l▶. Gozo de buena s▶ y m▶ tengo por buen mozo —aquí le mando mi foto, e▶ la suya—. Tengo t▶ lo que n▶ menos el cariño de una mujer. Yo a esa mujer le d▶ mucho cariño y también mi e▶ profesional, p▶ le haría unos pl▶ delicados, t▶ buenos o mejores qu▶ en el restaurante d▶ trabajo. R▶ pronto, e▶ deseando conocerla. Con el c▶ latiendo a t▶ velocidad, Eladio.

4. 1) Diga a su compañero qué piensa de ese cocinero que ofrece hacer unos platos delicados a una posible pareja.

2) Exprese su opinión sobre la afición a tener animales en casa.

5. Haga frases parecidas

1. Detesto la música «pop», que me parece una aberración.
   ...., que ....
2. A mí también me gusta la música clásica.
   A mí también me ....
3. Tengo todo lo que necesito menos el cariño de una mujer.
   .... lo que .... menos ....
4. Yo a esa mujer le haría unos platos delicados.
   .... le ....

❶ Coloque ordenadamente una sílaba por casilla y obtendrá una frase coloquial. Fíjese en la clave.

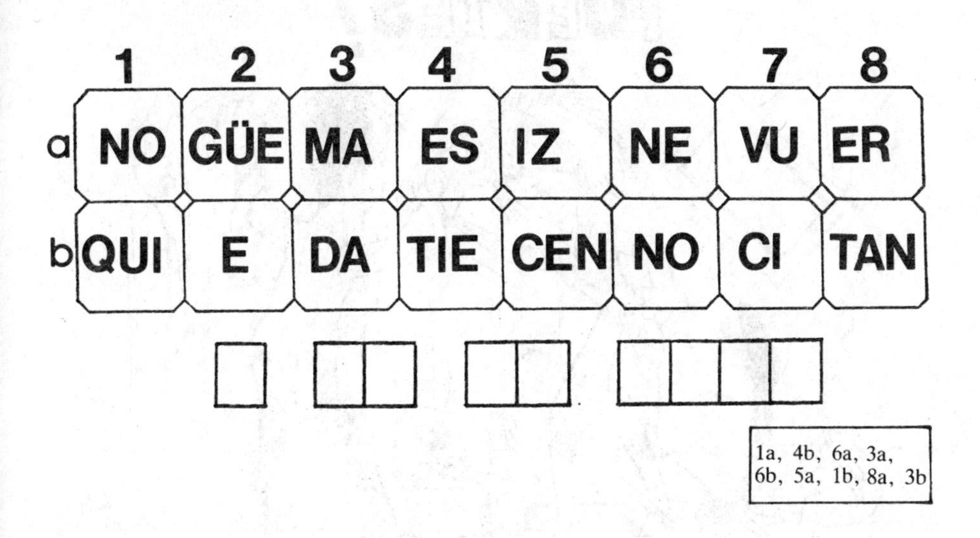

❷ Forme nombres de la misma familia colocando la terminación adecuada.

-ERO/-ÓN/-ILLA/-ADERO/-ADA/-ADERÍA/-AL/-O/-ERA/

a) CUCHARA

CUCHAR _ _ _ _
CUCHAR _ _
CUCHAR _ _ _

b) FRUTA

FRUT _ _ _
FRUT _
FRUT _ _

c) PAN

PAN _ _ _
PAN _ _ _ _ _
PAN _ _ _ _ _ _

DOS CARACTERES FUERTES!

Rocío, de diecisiete años de edad, y Gerardo, de dieciocho, se conocieron en un coctel de sociedad. Ella era hija de un banquero y él de un fabricante de muebles. Tres meses después los jóvenes se casaron, a pesar de que sus padres les aconsejaban esperar más tiempo antes de tomar una decisión tan importante.

Rocío y Gerardo llevaban escasamente dos meses casados cuando tuvieron una fuerte disputa, la cual se originó porque Gerardo dijo que en casa de su madre las comidas eran mejores.

Dos semanas más tarde Rocío protestó de que Gerardo roncaba demasiado por las noches. Ahí empezó un intercambio de acusaciones mutuas que terminó con la clásica escena en que los cónyuges se tiran los platos a la cabeza. En este caso hubo hasta lesiones. Ella le hizo a él una aparatosa moradura en la cara, y él le hizo a ella un corte en una muñeca. Los dos tenían mucho carácter...

Rocío hizo entonces las maletas y se presentó en casa de sus padres. Allí se encontró con que aquella misma mañana su madre había dejado a su padre después de una acalorada trifulca; se había marchado también a casa de sus padres.

NOTAS

1. Componga seis expresiones de la historia

1. Se conocieron	trifulca
2. Les aconsejaban	Gerardo roncaba
3. Las comidas eran	una aparatosa moradura
4. Protestó de que	mejores
5. Ella le hizo a él	esperar
6. Una acalorada	en un coctel de sociedad

2. Busque las palabras de significado más afín

1. Conocimiento.
2. Casamiento.
3. Consejo.
4. Ronquido.
5. Morado.
6. Encuentro.

3. Lea a su compañero

A) Rocío, de diecisiete años de e▶, y Gerardo, de dieciocho, se conocieron en un cóctel de s▶. Ella e▶ hija de un b▶ y él de un fabricante de m▶. Tres meses d▶ los jóvenes s▶ casaron, a p▶ de que sus padres l▶ aconsejaban esperar m▶ tiempo a▶ de tomar una decisión tan i▶. Rocío y Gerardo ll▶ escasamente dos meses casados c▶ tuvieron una fuerte d▶, l▶ cual se originó porque Gerardo d▶ que en casa de su madre las c▶ eran mejores.

B) Dos semanas más t▶ Rocío pr▶ de que Gerardo roncaba d▶ por las noches. Ahí e▶ un intercambio de acusaciones m▶ que t▶ con la clásica escena e▶ qu▶ los cónyuges se t▶ los platos a la c▶. En este c▶ hubo hasta lesiones. Ella le h▶ a él una aparatosa moradura en la c▶, y él l▶ hizo a e▶ un corte en una m▶. L▶ dos tenían mucho c▶... Rocío hizo e▶ las maletas y se pr▶ en casa de sus p▶. Allí se encontró c▶ qu▶ aquella m▶ mañana su madre había d▶ a su padre; se había m▶ también a casa de sus padres.

4. 1) Dé a su compañero su opinión sobre la edad más idónea para casarse. Si no cree que hay tal edad, explíquele por qué.

2) Hable del caso de Gerardo y Rocío, y ¿qué puede pasar si esta pareja hace las paces?

5. Haga frases parecidas

1. Tres meses después los jóvenes se casaron.
   .... después ....
2. Llevaban escasamente dos meses casados cuando tuvieron una fuerta disputa.
   .... llevaban .... cuando
   ....
3. Rocío protestó de que Gerardo roncaba demasiado.
   .... que ....
4. Su madre había dejado a su padre después de una acalorada trifulca.
   .... después de ....
   ....

❶ Complete la frase y obtendrá un famoso refrán español.

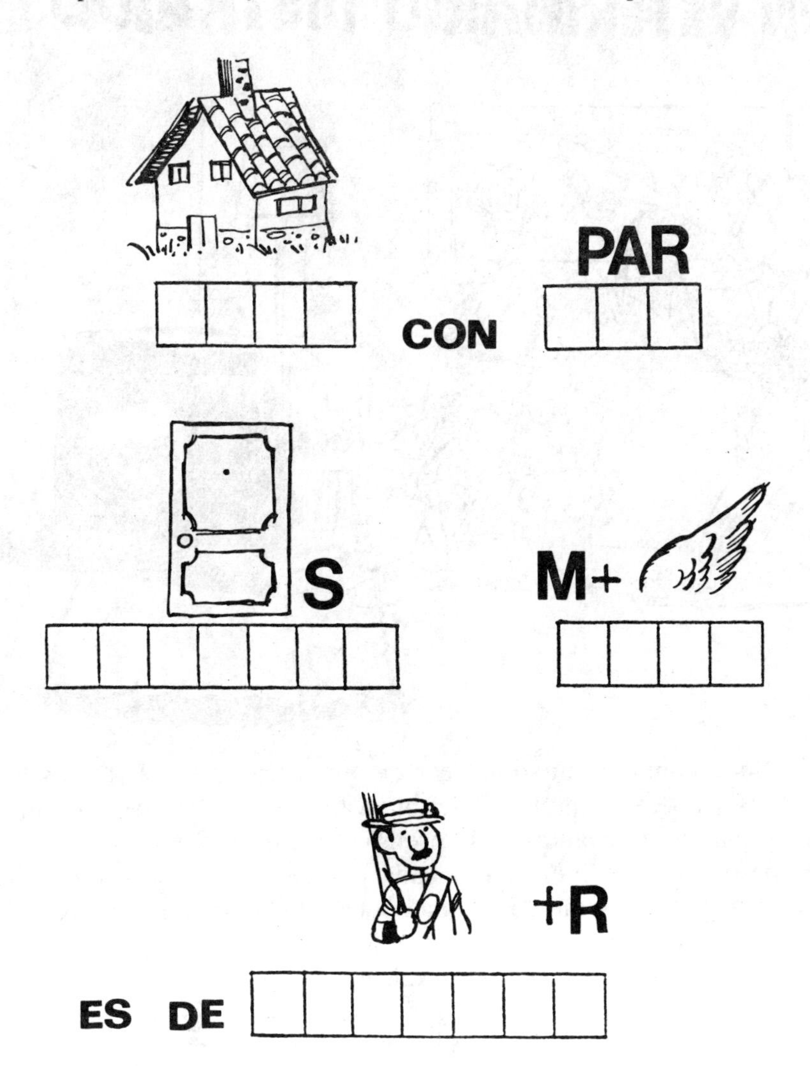

UN VETERINARIO DISTRAÍDO

Fernanda había terminado su carrera en la Escuela de Estudios Empresariales y buscaba empleo. Escribía a firmas comerciales y se anunciaba de cuando en cuando en la prensa. La citaron a un par de entrevistas, pero no hubo suerte. Por cada puesto vacante se presentaban cincuenta aspirantes o más. Era una época difícil para los que buscaban su primer empleo.

—No te preocupes —la tranquilizaba su padre—. Ya llegará tu oportunidad, y mientras tanto aquí en casa no te faltará de nada.

El padre de Fernanda era un acomodado veterinario, viudo, de ideas tradicionales. Por otro lado, no terminaba de aceptar que sus hijos habían dejado de ser niños y deseaban ser independientes.

Un día Fernanda recibió una oferta de colocación de una amiga suya que vivía en Hamburgo.

—¡Papá! —anunció toda entusiasmada—. ¡Me voy a Alemania!

—Muy bien, hija mía, pero no vuelvas después de las once —respondió el veterinario, que se encontraba contemplando su programa favorito de la TV.

NOTAS

1. Diga lo contrario con palabras del texto

1. Fernanda había empezado su carrera.
2. Había muchos empleos para los jóvenes.
3. Sus hijos eran todavía niños.
4. Fernanda ofreció un trabajo a una amiga suya.

2. Busque los antónimos de

1. Comenzado.
2. Paro.
3. Sobrará.
4. Avanzadas.
5. Rechazar.
6. Demanda.

3. Lea a su compañero

A) Fernanda h▶ terminado su c▶ en la Escuela de Estudios Empresariales y b▶ empleo. Escribía a firmas c▶ y se a▶ de cuando en c▶ en la prensa. La citaron a un p▶ de entrevistas, pero no h▶ suerte. Por cada puesto v▶ se presentaban cincuenta a▶ o más. E▶ una época difícil para l▶ que buscaban su pr▶ empleo. «No te pr▶», la tranquilizaba su padre. «Ya ll▶ tu oportunidad, y m▶ t▶ aquí en casa no te faltará de n▶».

B) El padre de Fernanda era un acomodado v▶, viudo, de i▶ tradicionales. Por otro l▶, no terminaba de aceptar qu▶ sus hijos habían d▶ de ser niños y deseaban ser i▶. Un día Fernanda r▶ una oferta de c▶ de una amiga s▶ que vivía en Hamburgo. «¡Papá!», anunció toda e▶. «¡M▶ v▶ a Alemania!». «Muy bien, hija mía, pero no v▶ después de las once», respondió el veterinario, que se encontraba c▶ su programa f▶ de la TV.

4. 1) Se dice que muchos padres no dejan nunca de considerar a sus hijos como niños. Exponga a su compañero qué piensa de esto.

2) Hable con su compañero de las perspectivas de trabajo para los jóvenes en su país o región.

5. Haga frases parecidas

1. Era una época difícil para los que buscaban empleo.
   Era .... para los que ....
2. Aquí no te faltará de nada.
   ....
3. No terminaba de aceptar que sus hijos deseaban ser independientes.
   No terminaba de .... que ....
   ....
4. «Bien», dijo el veterinario que se encontraba viendo la TV.
   « .... », ...
   que ....

1. Forme nuevas palabras introduciendo sucesivamente cada una de las tres letras dadas en la casilla marcada con un círculo

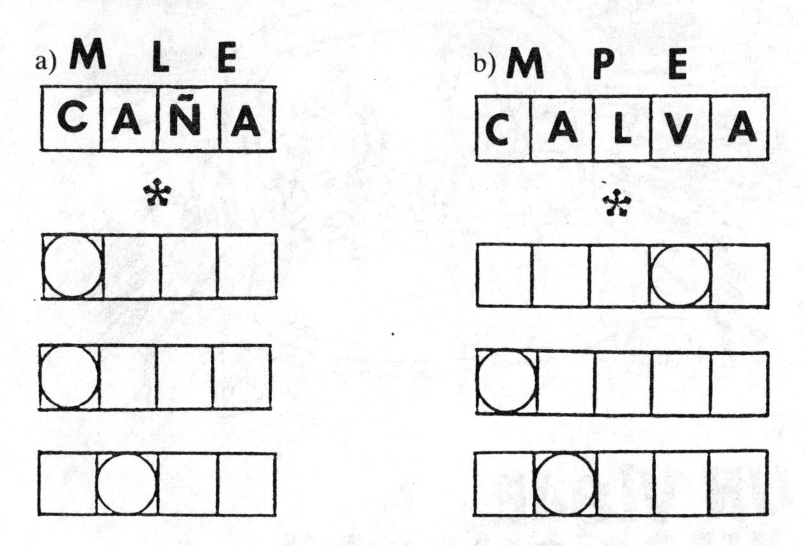

2. Coloque ordenadamente una sílaba por casilla y obtendrá una frase coloquial. Fíjese en la clave.

4b, 2a, 5b, 1a, 2b, 6a, 6b.

UN VIAJE EMOCIONANTE

Pascual Domínguez vivía con sus padres en un pueblecito situado a unos cincuenta kilómetros al este de Sevilla, ciudad a la que se trasladaba cinco días a la semana, de lunes a viernes, para asistir a sus clases en la Facultad de Medicina.

Una tarde, a las afueras de Sevilla, Pascual se metió en un coche que se había detenido unos metros delante de él. El conductor, que viajaba solo, era un hombre de unos cuarenta años y de aspecto simpático. Al principio todo fue bien, mientras Pascual explicaba quién era y a qué iba a Sevilla todos los días. Pero pronto el coche empezó a aumentar de velocidad: 90 kilómetros por hora, 100, 120, 140. La carretera era estrecha y por allí nadie conducía a esa velocidad. «Nos vamos a matar», pensó Pascual aterrorizado cuando el velocímetro empezó a marcar 180. Por fin el coche se detuvo en el pueblo de aquél.

—Ha hecho usted una buena media, ¡eh! —comentó Pascual.
—¡Qué va! —respondió el otro—. ¡Hoy no llevo prisa!

NOTAS

1. Diga la verdad con palabras de la historia

1. Pascual vivía a unos treinta kilómetros al norte de Córdoba.
2. Un camión se detuvo junto a él.
3. Era una carretera ancha.
4. Ha conducido usted muy despacio.

2. Busque los sinónimos de

1. Entró.
2. Parado.
3. Al comienzo.
4. A diario.
5. Asustado.
6. No tengo prisa.

3. Lea a su compañero

A) Pascual Domínguez v▶ con sus padres en un pueblecito s▶ a unos cincuenta kilómetros al e▶ de Sevilla, ciudad a l▶ qu▶ se trasladaba cinco días a la s▶, de lunes a viernes, para a▶ a sus clases en la Facultad de Medicina. Una tarde, a las a▶ de Sevilla, Pascual se metió en un coche qu▶ s▶ había detenido u▶ metros delante de él. El conductor, qu▶ viajaba solo, era un hombre de u▶ cuarenta años y de a▶ simpático.

B) Al principio todo f▶ bien, mientras Pascual e▶ qu▶ era y a qu▶ iba a Sevilla todos los días. Pero pr▶ el coche empezó a a▶ de velocidad: 90 kilómetros por hora, 100, 120, 140. La c▶ era estrecha y por allí n▶ conducía a esa velocidad. «N▶ vamos a matar», pensó Pascual aterrorizado c▶ el velocímetro empezó a m▶ 180. P▶ f▶ el coche se detuvo en el pueblo de a▶. «H▶ h▶ usted una buena media, ¡eh!», c▶ Pascual. «¡Qu▶ v▶!», respondió el otro. «¡H▶ no llevo prisa!»

4. 1) a) ¿Ha hecho auto-stop alguna vez?
b) ¿Ha recogido alguna vez a algún autostopista?
Cuéntele a su compañero alguna experiencia interesante sobre este tema.

2) En su opinión, ¿qué se puede hacer para disminuir el número de accidentes de tráfico?

5. Haga frases parecidas

1. Un pueblo situado a unos cincuenta kilómetros al este de Sevilla.
.... situado ....
2. El conductor, que viajaba solo, tenía un aspecto simpático.
...................., ..., ...
3. Explicó quién era y a qué iba a Sevilla.
.... quién .... y qué ....
4. El velocímetro empezó a marcar 180.
.... empezó a ....

❶ Complete la frase y obtendrá un famoso refrán español.

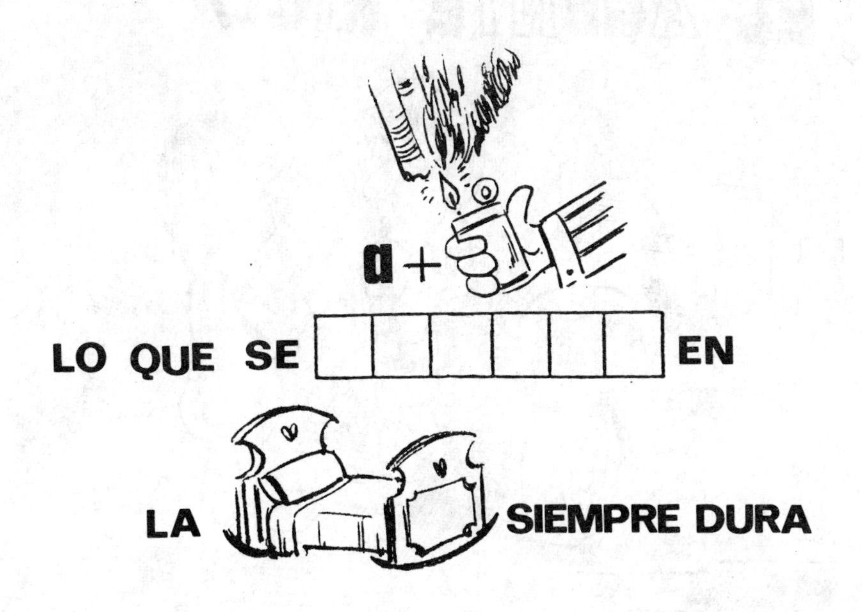

❷ Forme nombres de la misma familia colocando la terminación adecuada.

-IDO/-ENTADOR/-ORÍA/-ABLE/-O/-ERA/-AR/-EDAD/-ENTAR/
-ERÍA/-ENTURA/-IENTE

a) SALUD

SALUD _
SALUD _ _
SALUD _ _ _ _

b) ENFERMO

ENFERM _ _
ENFERM _ _ _
ENFERM _ _ _ _
ENFERM _ _ _ _

c) CALOR

CAL _ _ _
CAL _ _ _ _
CAL _ _ _ _ _
CAL _ _ _ _ _
CAL _ _ _ _ _ _
CAL _ _ _ _ _ _ _

EL AGENTE RICO

Una tarde de verano el agente Rico, que estaba de guardia, iba en moto a lo largo de la playa. Iba despacio y su mirada lo observaba todo atentamente. Este agente, de la Policía Municipal, era el más cumplidor de su pueblo.

El sol ya se había puesto; hacía un poco de fresco y quedaban pocos bañistas en la playa.

El agente Rico llegaba ya a un extremo solitario de la playa cuando vio salir del agua a un hombre maduro que iba completamente desnudo. El hombre llevaba algo en una mano.

El policía paró su moto, sacó su talonario de multas y se dirigió al encuentro del bañista.

—Buenas tardes, señor.

—Buenas tardes.

—Tengo que multarle, señor, por no llevar bañador —dijo el agente al tiempo que señalaba un tablón donde se leía en grandes letras: EN ESTA ZONA ESTÁ PROHIBIDO BAÑARSE SIN BAÑADOR.

—Eso no va conmigo —respondió el hombre mientras mostraba al policía el objeto que llevaba en la mano: un bañador.

NOTAS

1. Diga la verdad con palabras de la historia

1. El agente Rico conducía su coche velozmente.
2. El sol estaba todavía alto.
3. Vio a una joven en bikini.
4. Esta zona está reservada para adultos.

2. Busque las palabras de significado más afín

1. Motor.
2. Atención.
3. Solo.
4. Desnudarse.
5. Señal.
6. Prohibición.

3. Lea a su compañero

A) Una tarde de v▶ el agente Rico, qu▶ e▶ de guardia, iba en moto a lo l▶ de la playa. Iba despacio y su m▶ lo observaba t▶ atentamente. Este agente, de la Policía M▶, era e▶ m▶ cumplidor d▶ su pueblo. El sol y▶ se h▶ puesto; h▶ un poco de fresco y qu▶ pocos bañistas en la playa. El agente Rico ll▶ ya a un e▶ solitario de la playa c▶ vio salir d▶ agua a un hombre m▶ que iba completamente d▶. El hombre llevaba a▶ en una m▶.

B) El policía p▶ su moto, sacó su talonario de m▶ y se d▶ al encuentro del b▶. «B▶ tardes, señor». «Buenas t▶». «T▶ qu▶ multarle, señor, p▶ no llevar b▶», dijo el agente a▶ tiempo qu▶ señalaba un tablón d▶ se leía en grandes l▶: EN ESTA Z▶ ESTÁ PR▶ BAÑARSE S▶ BAÑADOR. «Eso no v▶ conmigo», respondió el hombre m▶ mostraba al policía el o▶ que ll▶ en la mano: un bañador.

4. 1) «A» y «B» imaginan una situación en la que uno está pescando, cazando o bañándose (o algo por el estilo) en un cierto sitio. Allí se acerca el otro, que hace de policía, y le dice que está prohibido hacer aquello allí, y que por lo tanto tiene que multarle. El primero da razones para demostrar que no está haciendo nada ilegal. El policía ha de decidir si finalmente le pone o no la multa al otro.

2) Hable sobre las ventajas e inconvenientes de veranear: a) en la playa, b) en el campo.

5. Haga frases parecidas

1. El agente Rico, que estaba de guardia, conducía su moto.
   ...., que ....
   ...., ...
2. El agente llegaba al faro, cuando vio venir una persona.
   ...., cuando
   ....
3. Tengo que multarle por no llevar bañador.
   .... que ....
4. Al tiempo que hablaba, el agente señalaba un cartel.
   Al tiempo que ...., ...

Revision

1. You arrive in a French-town. Ask for info. about hotels.
   Make enquiries about availability of rooms/prices etc.

2. You spotted a nice souvenir just before closing time.
   You don't have enough French currency. Find out if they let you pay by any other means.

1. Coloque ordenadamente una sílaba por casilla y obtendrá una frase coloquial. Fíjese en la clave.

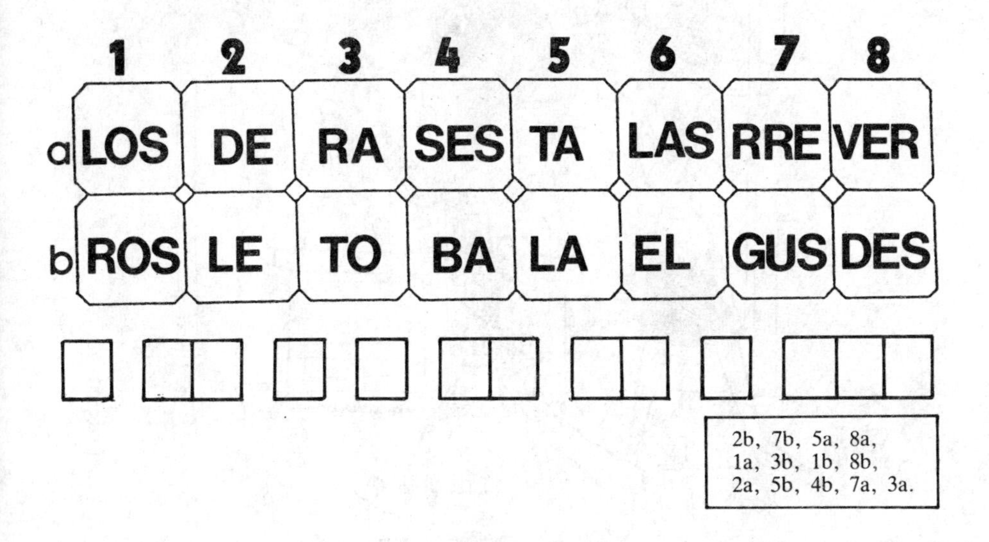

2. Complete la frase y obtendrá un famoso refrán español.

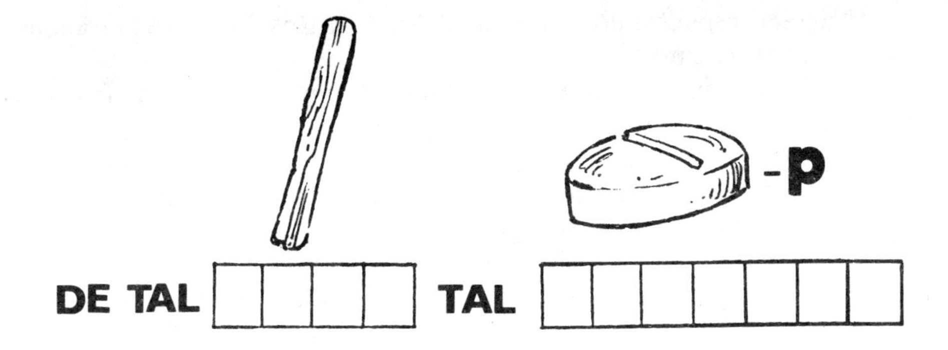

LOS CELOS de ROSA

Desde hacía algún tiempo, Eduardo llegaba a veces tarde para cenar, y algunos sábados los pasaba fuera.

En varias ocasiones Rosa, su esposa, le había preguntado la razón de aquel cambio de costumbres, y él siempre respondía que era debido a un exceso de obligaciones profesionales.

Aquella respuesta no convencía del todo a Rosa, aunque la tranquilizaba de momento.

Eduardo, que llevaba unos días muy cariñoso con Rosa, regaló a ésta un valioso collar para su cumpleaños. Todo esto, sin embargo, hizo a la esposa sentirse muy intranquila. Una sabia amiga suya le había asegurado, que cuando un hombre trata a su mujer con más mimo del acostumbrado, es que oculta algo.

Finalmente, Rosa se puso furiosa cuando una mañana encontró una foto de una atractiva muchacha en el asiento delantero del coche familiar.

—¿Puedes decirme quién es este bombón? —preguntó aquélla fuera de sí a su marido en cuanto se volvieron a ver.

Eduardo respondió sin vacilar:

—¡Eres tú misma, hace treinta años!

NOTAS

1. Diga lo mismo con palabras de la historia

1. A menudo Eduardo llegaba después de la hora de la cena.
2. Eduardo siempre contestaba que tenía demasiado trabajo.
3. Rosa no se quedaba del todo conforme con aquella explicación.
4. ¿Se puede saber quién es esta jovencita?

2. Busque los sinónimos de

1. Causa.
2. Hábitos.
3. Aunque.
4. No obstante.
5. Esconde.
6. Tan pronto como.

3. Lea a su compañero

A) Desde h▶ algún tiempo, Eduardo llegaba a▶ v▶ tarde para cenar, y a▶ sábados los pasaba f▶. En v▶ ocasiones Rosa, su esposa, le había pr▶ la razón de aquel c▶ de costumbres, y éste s▶ respondía que era d▶ a un exceso de obligaciones profesionales. Aquella respuesta no convencía d▶ t▶ a Rosa, aunque la tr▶ de momento. Eduardo, qu▶ llevaba u▶ días muy cariñosos con Rosa, regaló a ésta un v▶ collar para su cumpleaños. Todo esto, s▶ e▶, hizo a la esposa s▶ muy intranquila.

B) Una s▶ amiga suya le había a▶ que cuando un hombre tr▶ a su mujer con más mimo d▶ acostumbrado es que oculta a▶. F▶, Rosa se puso f▶ cuando una mañana encontró una foto de una a▶ muchacha en el asiento d▶ coche familiar. «¿Puedes d▶ quién es este bombón?», preguntó a▶ fuera de sí a su m▶ en cuanto se v▶ a ver. Eduardo respondió s▶ vacilar: «¡Eres tú m▶, hace treinta años!».

4. 1) «A» llega una hora tarde a la oficina en que trabaja. Su jefe, «B», le pide explicaciones. «A» las da, pero el otro no queda convencido.

2) A «B», que va conduciendo, le para un policía, «A», por tomar una curva con demasiada velocidad. El policía pide al conductor el carnet de conducir, pero éste le dice que se lo ha dejado en casa. El policía le reprende, le aconseja que lleve siempre el carnet consigo y le deja ir sin multarle.

5. Haga frases parecidas usando los mismos tiempos verbales

1. Eduardo siempre respondía que tenía mucho trabajo.
   .... que ....
2. Aquellas palabras no convencían del todo a Rosa, aunque la tranquilizaban de momento.
   .... ,
   aunque ....
3. Todo esto hizo a la esposa sentirse muy intranquila.
   ....
4. Contó todo a su marido en cuanto se volvieron a ver.
   .... en cuanto ....
   ....

1 Forme nuevas palabras introduciendo sucesivamente cada una de las tres letras dadas en la casilla marcada con un círculo.

a) T I O M S

C	A	N	T	O

*

○				
	○			
	○			
○				
		○		

b) C S N S G

M	A	R	Z	O

*

			○	
		○		
		○		
			○	
○				

c) F M L P O

G	A	C	E	T	A

*

○					
○					
		○			
○					
					○

CURSO de SOCORRISMO

En la gran piscina municipal se celebraba aquel verano un curso de socorrismo. El instructor sometía a sus discípulos, una docena de chicos y chicas, a duros ejercicios. Estos ejercicios exigían dotes sobresalientes de natación y buceo. Había que actuar también con gran rapidez de reflejos y precisión de movimientos.

Aquella mañana, terminada ya la clase de socorrismo, un grupo de alumnos jugaban en la piscina con un balón cuando por dos veces consecutivas se oyó un desesperado grito de: «¡Socorro! ¡Socorro!». Los jóvenes se volvieron y pudieron ver al otro extremo de la piscina una cabeza medio sumergida y unas manos que abofeteaban locamente la superficie. Aquéllos se miraron, pero ninguno se movió. La cabeza y los brazos desaparecieron al poco bajo el agua. Tras unos momentos de silencio, el instructor emergió junto a los alumnos suyos, que estaban como inmovilizados.

—¡Me podía haber ahogado! —les increpó—. ¿Es que no habéis oído mis gritos de socorro? ¿Es que no habéis visto *que me ahogaba?*

Uno de los chicos respondió:

—¡Es que nos creíamos que era otra persona!

NOTAS

1. Diga lo mismo con palabras del texto

1. Se necesitaba saber nadar y bucear muy bien.
2. En la piscina varios alumnos se divertían con un balón.
3. La cabeza y los brazos se hundieron en el agua.
4. No sabíamos que era usted.

2. Busque las palabras de significado más afín

1. Ayuntamiento.
2. Reflejar.
3. Mitad.
4. Respuesta.
5. Personal.

3. Lea a su compañero

A) En la gran p▶ municipal se c▶ aquel verano un curso de socorrismo. El instructor s▶ a sus discípulos, una d▶ de chicos y chicas, a d▶ ejercicios. Estos ejercicios e▶ dotes sobresalientes de natación y buceo. H▶ qu▶ actuar también con gran rapidez de reflejos. Aquella mañana, t▶ ya la clase de socorrismo, un gr▶ de alumnos jugaba en la piscina con un balón c▶ por dos veces consecutivas se oyó un d▶ grito de: «¡S▶! ¡S▶!».

B) Los jóvenes se v▶ y pudieron ver al otro e▶ de la piscina una cabeza m▶ sumergida y unas manos que a▶ locamente la s▶. Aquéllos se miraron, pero n▶ se movió. La cabeza y los brazos d▶ al poco b▶ el agua. Tras unos momentos de s▶, el instructor emergió j▶ a los alumnos suyos, que estaban como inmovilizados. «¡Me podía h▶ a▶!», les increpó. «¿E▶ qu▶ no habéis oído mis gr▶ de socorro?». «¿Es que no habéis visto *que m▶ a▶?*». Uno de los ch▶ respondió: «¡Es que nos cr▶ que era otra persona!».

4. 1) «A» va caminando por la calle y le cae agua en la cabeza. Arriba, en un balcón, «B» está regando unas plantas. «A» increpa a «B» y éste trata de justificarse. Al final «B» pide disculpas.

2) Escena en un tren. «B» abandona un momento su asiento, dejando un periódico en señal de que el sitio está ocupado. Al regresar al compartimento, «B» se encuentra con que «A» ha ocupado su asiento y está leyendo su periódico. Hay entonces una discusión porque «A» alega tener derecho sobre el asiento y, además, sobre el periódico. «A» puede hacer uso del famoso dicho: «el que fue a Sevilla perdió su silla».

5. Haga frases parecidas

1. Había que actuar con gran rapidez de reflejos.
   .... que ....
2. Terminada la clase, un grupo de alumnos jugaba en la piscina.
   .... , ...
   ....
3. Los jóvenes se miraron, pero ninguno se movió.
   .... , ...
4. ¿Es que no habéis visto que me ahogaba?
   ¿Es que ....?

1 Forme nombres de la misma familia colocando la terminación adecuada.

-ÍFRICO/-DILLO/-CALLE/-ERO/-DO/- ILLA/-NADA/-E/-ADURA/
-ISTA/-ERÍA/-MANGA/-UDO

a) BARBA

BARB _ _ _
BARB _ _ _
BARB _ _ _ _
BARB _ _ _ _

b) BOCA

BOCA _ _
BOCA _ _ _ _
BOCA _ _ _ _ _
BOCA _ _ _ _ _
BOCA _ _ _ _ _

c) DENTAL

DENT _ _ _ _
DENT _ _ _ _ _
DENT _ _ _ _ _ _

DIENT _

2 Coloque ordenadamente una sílaba por casilla y obtendrá una frase coloquial. Fíjese en la clave.

	1	2	3	4	5	6	7	8
a	CHIS	LAS	SOS	LOS	VER	LOS	TES	CHOS
b	BE	DES	EL	MU	POR	DE	LAS	SA

8b, 1b, 4b, 8a,
1a, 7a, 5a, 2b.